ANTONI
NA COZINHA

ANTONI NA COZINHA

Antoni Porowski
com Mindy Fox

fotografias de Paul Brissman

tradução de Daniel Lühmann

Editora Senac São Paulo – São Paulo – 2021

PARA *LP*

Você esteve ao meu lado tanto nos momentos sombrios como nos dias felizes. Com você, aprendi que o essencial é invisível aos olhos. É com o coração que enxergamos melhor.

Agradecimentos

Sei muito bem que "é preciso uma comunidade inteira" e sou muito grato por contar com uma. Escrever este livro não só me conectou com mulheres e homens muito talentosos como também me reconectou com membros da minha família polonesa e outras pessoas queridas. Também acabou sendo uma grande aventura, ao me fazer cavar fundo em memórias culinárias e colaborar com pessoas de ideias afins que expressam seu amor partilhando comida.

À Mindy Fox, minha querida coautora, não consigo acreditar na sorte de tê-la conhecido. O amor e o respeito que você tem pela comida são admiráveis, e sua atenção aos detalhes mais diminutos, além das infinitas horas de trabalho com as receitas e as palavras, fez deste livro o que ele é. Sua paciência e sua natureza gentil me incentivaram a confiar na minha própria voz. Fico honrado por você ter concordado em colaborar comigo e, também, empolgado com as outras oportunidades que virão. Além do mais, desde que meu pai lhe enviou o xarope de bordo que ele faz em Vermont, tenho certeza de que isso significa que você agora é parte da família, então, sim...

À minha editora, Rux Martin, espécie de Grace Coddington do mundo da culinária. Admiro sua honestidade e sua franqueza, que sempre vêm acompanhadas de doses equivalentes de coração, paciência e conselhos valiosos. Espero que, com este livro, eu a tenha deixado orgulhosa.

A Ted Allen e Barry Rice, meus amigos, antigos chefes e eternos mentores. Conhecê-los me ajudou a ampliar o conhecimento sobre comida, design e móveis *vintage*, além de aprimorar algumas das minhas habilidades humanas básicas, como fazer rascunhos de *e-mails* e cuidar da agenda. Suas paixões me deram confiança para ir atrás das minhas.

À minha família, o que inclui meus pais, Janusz e Janina; minhas irmãs, Karolina e Aleksandra; minhas tias Magda S., Magda J. e Leslie; o tio Andy e a prima Maïa. Trabalhar com receitas – tanto as polonesas como as de inspiração familiar – para este livro me permitiu revisitar minha infância, minha herança, e acabou renovando o apreço e o respeito por ambas. Tenho orgulho de ser polonês-canadense-estadunidense graças a cada um de vocês.

A Joey, Minette, Jim, Bess e Joe. Nossos anos juntos me proporcionaram aquilo que passei a vida toda buscando: uma família para a qual cozinhar. Vocês me deram seus corações e suas cozinhas a fim de que eu pudesse me sentir seguro para lhes retribuir com o meu amor e a minha comida. Muitas das receitas deste livro foram testadas com vocês antes desta vida louca que levo agora. Joey, você foi meu apoiador número 1 na vida e no trabalho, e eu nunca vou me esquecer disso.

Mindy e eu também gostaríamos de agradecer a Beth Barden e Jennifer Ophir, nossas supertalentosas testadoras de receitas. Apreciamos muito a honestidade, o *feedback* e as habilidades de vocês na cozinha. Beth, você fez Kansas City ficar com cara de casa.

A Paul Brissman: suas belas fotografias de gastronomia e sua abordagem jornalística nas fotos de *life style*, somadas a seu amor por Nova York e todas as suas ruazinhas, elevaram este livro a outro patamar.

À *food stylist* Lisa Homa e à produtora fotográfica Kristine Trevino, obrigado pela dedicação e pelo trabalho impressionante.

À designer Laura Palese, obrigado por reunir todos esses elementos, e de uma maneira tão única e maravilhosa.

A Melissa Lotfy, Jamie Selzer, Judith Sutton, Sarah Kwak, Crystal Paquette e Jacinta Monniere, obrigado por dar brilho aos mais diversos cantos deste livro.

A Nina Soriano e Matty Bidgoli, que cuidaram do glamour e do *styling*, desculpem-me por tê-los distraído sem parar enquanto vocês tentavam fazer seus trabalhos. Vocês são incríveis (e muito divertidos de distrair).

A Alex Kovacs, Jason Weinberg e Jamieson Baker, da Untitled Entertainment. A aptidão logística do Alex foi o que me permitiu escrever este livro enquanto gravava em Kansas City e voltar voando a Nova York para as sessões de fotos.

Aos meus agentes, David Larabell e Ben Levine, da CAA. Depois de me mudar para Nova York e de participar de reuniões nos seus escritórios com meu chefe à época, Ted Allen, eu sonhava em um dia ser representado por um time tão solícito. Sou um cara de muita sorte.

A toda a equipe da Scout Productions, David Collins, Michael Williams, Rob Eric e Joel Chiodi; ao apoio incrível da ITV, por parte de Ally Capriotti Grant, Jordy Hochman, Danielle Gervais, Gretchen Palek, Beyhan Oguz, David George, Adam Sher e David Eilenberg; a Jenn Levy e ao time da Netflix; às produtoras executivas Jen Lane e Rachelle Mendez, além de toda a equipe do *Queer eye*, dentro e fora dos sets de gravação, que promovem um ambiente de trabalho afetuoso e colaborativo.

À Hanya Yanagihara, por sua amizade e seu apoio; a Klaus Biesenbach, confidente e mentor, por me ensinar os muitos benefícios que vêm dos erros cometidos; a PJ Vogt, por me incentivar a correr atrás das minhas múltiplas paixões; e a Christian Coulson, por me lembrar de ser gentil comigo mesmo.

À Reema Sampat, minha melhor amiga, confidente, heroína, mãe da minha afilhada Mara, inspiração de muitas receitas e maior incentivadora.

E, por último – mas longe de ser menos importante –, sou grato a meus irmãos de *Queer eye*, Bobby Berk, Karamo Brown, Tanny France e Jonathan Van Ness, por serem amigos adoráveis, cobaias honestas de novos sabores e, ainda, a coluna que sustenta todos os meus esforços.

— Antoni Porowski

Gratidão imensa a Antoni Porowski: dar vida a este livro com você foi uma honra e uma aventura dos sonhos – inspiradora, reveladora e muito divertida a cada instante. Obrigada por confiar em mim como parceira; por compartilhar sua paixão sem limite, sua proeza culinária e suas sacadas; e por ser essa pessoa adorável e encantadora. Você me conquistou com boursin e ervilhas congeladas. Mal posso esperar para ver o que vem por aí. Também sou profundamente grata à minha agente, Sarah Smith, da David Black Agency; à nossa editora, Rux Martin; ao meu marido, Steve Hoffman, e ao nosso amado companheiro canino, Jasper; a Neil, Phyllis e Jason Fox; a Ellen Rudley; a todos os Hoffmans, especialmente à extraordinária *expert* em caramelos Abbi Hoffman; às minhas famílias expandidas nas regiões nordeste, meio-oeste e sul dos Estados Unidos; e aos muitos amigos e colegas que continuam a me incentivar.

— Mindy Fox

Prefácio

No úmido verão de 2003, *Queer eye for the straight guy* foi um sucesso instantâneo do canal Bravo. O programa teve 99 ou 100 episódios, dependendo de quem você consulte, e um impacto cultural duradouro.

Fomos parar em capas de revista, nos programas *Ellen*, *Oprah*, *Tonight show* (duas vezes) e em matinais de variedades (ainda dou risada ao lembrar como foi difícil para Matt Lauer se entender com a palavra "queer" saindo da própria boca). Viramos cartum da *New Yorker*, aparecemos na tirinha *Blondie* e fizemos turnês em rádios e TVs de todo o país.

Aquele *Queer eye* era inovador: o primeiro programa com um elenco gay inteiramente assumido. O primeiro programa a colocar juntas as culturas gay e hétero, usando pessoas reais como elas mesmas e deixando as coisas acontecerem por conta própria. Era divertido à beça (e você tinha que ter ouvido as coisas engraçadas que não foram ao ar – na verdade, não, você não tinha que ter ouvido). Foi um dos pouquíssimos programas de transformação com um *designer* de interiores realmente talentoso.

E era uma inspiração para muitos jovens e adultos LGBTQ+. Foram essas pessoas que nos disseram isso, milhares de vezes – e o fazem ainda hoje. Esse é o aspecto de *Queer eye* que mais importava – e que continua importando. Em milhões de lares, tanto os liberais como os conservadores, o programa mostrou – e torna a mostrar – para o mundo que caras gays e héteros podem se dar bem; que gays podem ser bem-sucedidos, líderes, professores, seus amigos; não apenas tolerados, não apenas aceitos, e sim bem-vindos e admirados. Até mesmo, amados. Ganhamos um Emmy. (Estou nas nuvens com o fato de a nova versão do programa ter

> **O que o torna especial é o mesmo ingrediente-chave que faz o *Queer eye* especial: o sentimento.**

conquistado três? E COMO! Na verdade, não tanto assim.)* Um de nós do *Queer eye* da velha geração (cujo nome não revelarei) usa a estatueta que ganhou como suporte de papel higiênico em sua casa de campo; um rolo se encaixa perfeitamente nas asas erguidas da imagem. Um pé na realidade, mano.

Conheci o Antoni na noite de autógrafos do meu segundo livro de cozinha, e nos demos bem de cara. Meu marido, Barry Rice, e eu estávamos precisando de um assistente, tanto para a casa como para o negócio de móveis de *designer* do Barry, o Full Circle Modern. O Antoni precisava de um emprego que fosse flexível para poder fazer seus testes como ator. Era um encaixe perfeito. Ele trabalhou conosco por mais de três anos e se mostrou um aprendiz *muito* rápido em marketing, na arte dos móveis e em *design* de interiores. E na comida! Eu adorava toda vez que ele fazia seu "Ensopado polonês em novo estilo". Nunca vou me esquecer de como foi ótimo tê-lo em casa preparando o almoço para nós, de como ele nos colocou em contato com *barmen* para eventos especiais, de como ele foi criativo nos preparativos de festas. O Antoni é um cara dos detalhes, com uma imaginação sem fim e um arsenal de técnicas. E, aliás, raramente havia um ingrediente curinga ao alcance dos olhos!

Quando ele me disse que queria tentar o *Queer eye*, mandei seu currículo e uma foto para David Collins, cocriador do programa. A resposta foi: "Lógico!". Claro, cabia ao Antoni provar isso pessoalmente. Ao longo de semanas de testes – e agora, um episódio após o outro –, ele conseguiu.

---

* *Queer eye* conquistou três Emmy na edição de 2018. Na edição de 2019, foram quatro estatuetas, e uma na edição de 2020. (N. E.)

Ele mais uma vez prova a que veio com este livro: um verdadeiro catálogo culinário de viagens, com acenos às raízes canadenses de sua família e escalas em lugares diversos, que vão de Lyon a Atenas a Melbourne. Tudo isso com azeitonas quentes com ervas e amêndoas. Tenha uma aula rápida de tábua de queijos inspirada pelas que o pai do Antoni fazia nas noites de sexta-feira. Entre a sério no luxo com o dip de lagosta com ervas e açafrão. Todo mundo adora steaks de couve-flor, mas você ainda não experimentou os do Antoni, com cúrcuma e amêndoas crocantes. Palitos de batata-doce com chimichurri – por que eu não pensei nisso antes? Prepare uma tigela de farro com batata-doce, rúcula e frango e terá o almoço pronto para uma semana inteira de trabalho (minha favorita entre as coisas que o Antoni me ensinou). Para encerrar, pots de crème com coulis de manga ou um domo de mousse de framboesa – vai ser um belo começo!

As habilidades culinárias do Antoni são prodigiosas, mas o que o torna especial é o mesmo ingrediente-chave que faz o *Queer eye* especial: o sentimento. Os melhores episódios do *Queer eye* foram – e são – aqueles em que você consegue sentir o herói da vez um tanto resistente de início para, então, vê-lo se dando conta de quão profundo pode ser contar com cinco pessoas zelosas que entram na sua vida e trabalham para melhorá-la. As lágrimas são reais. E o desejo do Antoni de partilhar sua visão por um mundo mais alegre e saboroso não vem de teorias e práticas – vem de dentro. Você vai sentir isso quando começar a sua primeira receita deste livro, explicada com cuidado e paciência. E vai sentir tudo isso *mesmo* quando der a sua primeira mordida.

— Ted Allen
Autor de livros de cozinha, apresentador do programa *Chopped* e especialista em comida e vinho da primeira versão do *Queer eye*.

Sumário

INTRODUÇÃO 14

Aperitivos 35

Vegetarianos e guarnições 75

Sopas e cozidos 113

Massas e arroz 141

Noites saudáveis 161

Proteína animal 203

Doces 233

ÍNDICE 266

Introdução

Você já sentiu seu rosto queimar, suas entranhas ficarem doidas e sua noção da gravidade desaparecer de uma só vez? Foi assim comigo em um dia atipicamente agradável de março de 2017, quando meu telefone tocou e o nome de Rob Eric, produtor de televisão vencedor do Emmy e cocriador do Queer eye, apareceu na tela.

Eu estava trabalhando como curador e diretor na High Style Deco – uma galeria elegante de peças retrô e *art déco* em Chelsea, Nova York – e prestes a fechar a venda de um aparador maciço de latão que pertencera a Andy Warhol. Desculpando-me educadamente com meu cliente, fui andando no que me pareceu em câmera lenta até um canto silencioso da sala.

Rob falou por um ou dois minutos. Senti meus olhos marejarem e minha voz falhar. Engoli, demorei um tempo para recobrar o fôlego e lhe agradeci umas catorze vezes, com as palavras "Nós adoraríamos que você fizesse parte do programa" ecoando na minha cabeça. Encerrada a chamada, eu liguei imediatamente para o meu companheiro na época, Joey. "Parabéns!", disse ele. "Você conseguiu."

Joey veio correndo depois do trabalho e me encontrou na galeria. Naquela noite, no metrô a caminho do nosso apartamento no Brooklyn, nós simplesmente ficamos nos olhando, dando risadas e sorrindo meio bestas. Será que aquilo tudo estava mesmo acontecendo? Em casa, eu me sentei na beira da cama, sentindo aquela mistura de alegria e alívio que se segue à espera de semanas, meses até, para receber um retorno sobre um papel. Fazia cinco anos que eu tinha saído da escola de atores e passado por inúmeros testes, conseguindo alguns papéis aqui e ali, mas nada daquele porte.

ENTRANDO EM CENA: dúvida paralisante.

Seria eu um completo impostor?

ENTRANDO EM CENA: dúvida paralisante. Seria eu um completo impostor?

Primeiro, eu me questionava se era gay o suficiente para estar em um programa chamado *Queer eye*. Sim, eu estava vivendo com um homem que eu amava muito, mas eu nunca tinha saído do armário como gay, nunca me senti polarizado em um lado do espectro da sexualidade, nunca me senti totalmente seguro sobre se viveria para sempre como homem *gay* ou se me apaixonaria e passaria a vida com uma mulher.

E, de verdade, eu era um cara da cozinha o bastante para isso? Muitos dos candidatos com quem concorri pela vaga de "especialista em comida e vinho" do *Queer eye* tinham carreiras como chefs, cargos na área gastronômica, eram personalidades da cozinha. Claro, eu tinha trabalhado em restaurantes e como chef em contextos privados, me meti no território da culinária televisiva ao fazer testes para apresentar o *Chopped Canada* e gravei um ou dois vídeos curtos para o *Tasting table*, mas minha paixão pela comida parecia mais pessoal do que profissional. Eu via a mim mesmo como um aspirante a ator, e o meu trabalho na cozinha, como um meio para chegar a um fim. Somente depois de uma temporada inteira no *Queer eye* eu me daria conta de que eu vinha traçando esse caminho durante toda a minha vida.

CRESCENDO COMO POLONÊS

Nasci e cresci em Montreal. Meus pais, ambos poloneses, vinham de famílias de classe média alta. Meu pai fora criado em Montreal (seus pais fugiram da Polônia durante a Segunda Guerra Mundial), mas minha mãe vivera na Polônia até seus vinte e poucos anos, quando acabou conhecendo meu pai e se casando. Ambos bem-educados e com paladares bastante vastos, mas também firmemente ligados às tradições culinárias de suas heranças polonesas.

Seguindo o caminho de minhas irmãs, Karolina e Aleksandra (quinze e nove anos mais velhas), estudei na École Saint-Laurent, colégio francês cujos alunos eram de famílias indianas, do leste europeu, portuguesas, iranianas, libanesas, egípcias, chinesas e vietnamitas. Meu evento favorito do ano era Le Buffet des Nations (o bufê das nações), que acontecia no ginásio da escola. Cada família trazia um prato de seu país, e, à medida que os compartilhávamos, aprendíamos sobre os lugares distantes de onde vinham nossos pais. Os pais do meu amigo português-iraniano Andrew Shahidi levavam tahdig, um delicioso arroz com fundo dourado e crocante feito na frigideira. Havia tajines, rolinhos e curries. Minha mãe fazia uma

Quando não tínhamos as aulas de sábado, íamos comprar donuts recheados com geleia de ameixa, os chamados *pączki*, na Pâtisserie Wawel, na *rue* Sherbrooke. Depois, seguíamos para o Wayne's Deli – um mercadinho polonês que levava o nome de um canadense que se casara com uma mulher da terra-mãe e transformou sua obsessão com a culinária do país dela em um negócio bem movimentado.

Os queijos eram sempre cuidadosamente contemplados com uvas viníferas, figos frescos, fatias de peras d'anjou e amêndoas marcona tostadas de acompanhamento, além de três tipos de pão, que geralmente incluíam a famosa baguette trente-six heures.

versão de um clássico polonês chamado krokiety, que são como crepes finos enrolados e recheados com carne ou cogumelos, passados no ovo, empanados na farinha de rosca e fritos na manteiga. Ela tinha o costume de incrementá-los com morchellas e cantarelos colhidos a mão, além de um molho cremoso à base de conhaque.

Aos sábados, eu ia à escola polonesa, onde aprendia história, língua, ortografia e ditados, além de praticar orações católicas. A sra. Siwikowa, que era diretora e minha professora, usava o mesmo penteado colmeia e os óculos triangulares de quando meu pai fora seu aluno, três décadas antes.

Quando não tínhamos as aulas de sábado, íamos comprar donuts recheados com geleia de ameixa, os chamados pączki, na Pâtisserie Wawel, na *rue* Sherbrooke. Depois, seguíamos para o Wayne's Deli – um mercadinho polonês que levava o nome de um canadense que se casara com uma mulher da terra-mãe e transformou sua obsessão com a culinária do país dela em um negócio bem movimentado. Lá comprávamos pierogis artesanais, kielbasa defumada caseira, presunto polonês, terrina de cabeça de porco, chucrute e sobremesas, além de algumas guloseimas como os krówki (um caramelo macio de leite) e barras de Prince Polo (a versão polonesa do KitKat).

Em casa, minha mãe preparava o grande banquete de sábado. Tostava rodelas de kielbasa na frigideira e as dispunha em uma tábua com chucrute e um potinho de mostarda polonesa. Meu pai, que ficava encarregado de tudo o que se pudesse colocar em um pão, espalhava manteiga refrigerada em fatias de pão fresco de centeio, depois fazia camadas de presunto fatiado, passava a adorada maionese polonesa Kielecki e acrescentava finíssimas camadas de picles com endro que vinham do barril do mercadinho.

Em busca de inspiração culinária para além de seu repertório polonês, minha mãe recorria a clássicos como o stroganoff, que ela costumava fazer nos frios invernos de Montreal. Meus pais sempre iam velejar nas Ilhas Virgens Britânicas em dezembro, e minha mãe voltava com receitas como salmão assado enrolado em manga coberto com brie tostado dos restaurantes chiques à beira-mar.

Nunca cozinhei com minha mãe; ela não gostava de ninguém ajudando na cozinha. Mas ficava feliz em me deixar sentar do outro lado da bancada para assistir enquanto fazia um lanchinho. Pouco antes de um prato ficar pronto, ela me deixava palpitar nos ajustes de sal e pimenta. Eu adorava experimentar e participar de tudo aquilo.

VERÕES *QUÉBÉCOIS* E JANTARES AOS 14 ANOS

Meu pai não era um cozinheiro, mas adorava comida. Nas noites de sexta, ele preparava sua famosa tábua de queijos. Sempre havia pelo menos quatro ou cinco variedades, com uma rica seleção de queijos triplo creme, como o délice de Bourgogne, e um realmente fedido (geralmente um epoisses ou um valdeón) que precisava ser mantido debaixo de uma *cloche* de vidro, senão seu aroma podia se tornar ofensivo. Quase sempre tínhamos o favorito da casa, Riopelle de l'Isle, queijo amanteigado e de maturação suave, de Quebec, que leva o nome de Jean-Paul Riopelle, famoso artista *québécois* do expressionismo abstrato. Os queijos eram sempre cuidadosamente contemplados com uvas viníferas, figos frescos, fatias de peras d'anjou e amêndoas marcona tostadas de acompanhamento, além de três tipos de pão, que geralmente incluíam a famosa baguette trente-six heures (cuja massa fermentava por 36 horas antes de assar) de uma padaria chamada Au Pain d'Oré.

Foi durante os verões com minha tia Magda J. que tive a primeira oportunidade de entrar na cozinha. Ela e o tio Stefan tinham uma grande casa de madeira no vilarejo histórico de Knowlton, Quebec. Em meio a acres de colinas ondulantes, com um perímetro mágico de bosques, esse era o lugar onde nossos parentes e amigos próximos se reuniam. Brincávamos no lago e íamos cavalgar nos arredores. Era o nosso próprio acampamento especial de verão.

Ao lado de toda a diversão, todo mundo tinha que assumir uma tarefa. Minha favorita era ficar na cozinha, onde eu ajudava a fazer a comida, colocar a mesa e lavar a louça. Minha prima Maïa me ajudava a medir os ingredientes e a misturar a massa para quadradinhos de limão. Acabei pegando gosto por todo o processo de servir uma refeição, e adorava a natureza colaborativa e de trabalho em equipe na cozinha.

Por volta dessa mesma época, minha irmã Aleks fez uma assinatura da revista *Martha Stewart Living*. Aleks recriava os pratos da revista e se interessava pelo visual tanto da comida como da decoração da mesa. Eu ficava curioso quanto ao funcionamento das receitas. Aleks e eu não nos dávamos muito bem naqueles anos, mas a revista nos mostrou que partilhávamos uma paixão, e isso aguçou meu interesse por receber pessoas.

Eu não me dava conta disso na época, mas eu sentia falta de uma família.

Quando terminei o ensino básico, meu pai arrumou um emprego na Virgínia Ocidental, como era típico na época entre médicos canadenses que iam para o sul em busca de melhores oportunidades de trabalho. Fui com ele e minha mãe, e minhas irmãs ficaram na casa de Montreal. Meu pai trabalhava muito, incluindo noites e fins de semana, e minha mãe dividia seu tempo entre os Estados Unidos e o Canadá, o que muitas vezes me fazia ficar sozinho. Eu não me dava conta disso na época, mas eu sentia falta de uma família.

Aos 14 anos, comecei a fazer jantares para meus amigos. Cozinhar e partilhar a comida com as pessoas me traziam o conforto da experiência familiar de que eu precisava. Meu prato assinatura era alho assado em pedaços de baguete servidos com pepitas de queijo parmesão. Eu me programava para que o alho estivesse terminando no forno quando meus amigos chegassem, para que o calor e o aroma lhes dessem as boas-vindas. O menu continuava com pratos como frango grelhado com barbecue de framboesa, que eu servia com framboesas frescas ao lado. Em uma bandeja, eu empilhava fatias também grelhadas de abobrinha e pimentão e as cobria com orégano fresco, um fio de azeite de oliva e vinagre de vinho tinto. Quando cozinhava só para mim, costumava acrescentar parmesão ralado e ervilhas congeladas ao macarrão com queijo de caixinha.

EXPEDIENTES EM RESTAURANTES E CURAS DE RESSACA

Quando tinha 17 anos, voltei a Montreal, para a escola preparatória. Consegui meu primeiro emprego em uma casa de jantares chamada Buonanotte, onde eu era cumim e entregador. Enquanto estive lá, conheci e acabei virando amigo de Chuck Hughes e Tim Rozon, à época desconhecidos que viriam a se tornar bem-sucedidos em suas carreiras de chef e ator, respectivamente, e de Kyle Marshall Nares e Andy Weinman. Andy era da Austrália e fazia para nós um lanche de pão branco tostado com margarina e Vegemite, coberto com queijo suíço. Ele considerava essa receita a sua cura para ressacas – o que, devo dizer, funcionava bastante bem. Certa manhã, eu a completei com ovo frito para compor um desjejum mais completo. Ainda hoje faço uma variação dessa torrada com ovo (*página 162*).

Na Concordia University, eu fazia cursos de atuação paralelamente aos estudos de psicologia e história da arte e passava meus fins de semana servindo mesas em um restaurante polonês clássico, o Stash Café. A dona do Stash na época era minha tia Ewa, e trabalhar lá era uma tradição de família. Meu pai dedicara horas ali quando estava na faculdade, tia Magda e suas três filhas, Olga, Marta e Maïa, foram funcionárias, e o mesmo se passou com minhas duas irmãs quando estavam na escola. Instalado em um prédio histórico do século XVII, em uma rua de paralelepípedos no porto antigo de Montreal, é um lugarzinho mágico, com o brilho aconchegante de luminárias avermelhadas dependuradas no teto de vigas rústicas de madeira. Tem bancos de igreja como assentos e pôsteres de cinema e teatro da pintora polonesa Tamara de Lempicka. A vodca é mantida em um freezer especial. (Hoje em dia, o Stash é um dos poucos restaurantes poloneses que restam na cidade.)

Eu sempre aparecia para o meu turno do almoço com ressacas terríveis. Uma escadinha levava à área de preparação, no subsolo, onde um grupo de avós polonesas fazia pierogis, cozinhava beterrabas para fazer borscht e chlodnik, enrolava seus krokiety, mexia as grandes panelas de cozido de bigos, martelava cortes de carne de porco, ralava repolho e cortava cenouras em forma de flor para tingi-las com o suco da beterraba e servi-las, com um ramo de salsinha, imitando uma rosa. Eram mulheres robustas, com calcanhares do tamanho de suas fortes panturrilhas. Por mais duras que fossem conosco, os garçons, elas se certificavam de que começássemos e terminássemos o trabalho de barriga cheia. *Pani* (senhora) Marysia sempre me recebia quando eu chegava e me oferecia um bowl fumegante de zurek (uma sopa farta de linguiça com vegetais) com o reforço de ovos cozidos e 2 ou 3 colheres de creme azedo. Eu devorava a sopa e voltava a me sentir humano.

Chuck Hughes abriu seu restaurante Garde Manger em 2006, e deixei o Stash para trabalhar lá de garçom como parte da equipe de abertura. O lugar fez um sucesso imediato. O menu, orientado pelo que havia no mercado, mudava a cada dia. Lá aprendi sobre os cogumelos *Pleurotus eryngii* (shimeji rei), que Chuck servia gratinados com queijo raclette e ervas frescas, e as lentilhas beluga, que ele colocava sobre pão torrado e crocante com folhas de salsão e tomates assados. Era um lugar estimulante para trabalhar.

Eu sempre aparecia para o meu turno do almoço com ressacas terríveis. Uma escadinha levava à área de preparação, no subsolo, onde um grupo de avós polonesas fazia pierogis, cozinhava beterrabas para fazer borscht e chlodnik, enrolava seus krokiety, mexia as grandes panelas de cozido de bigos, martelava cortes de carne de porco, ralava repolho e cortava cenouras em forma de flor para tingi-las com o suco da beterraba e servi-las, com um ramo de salsinha, imitando uma rosa. Eram mulheres robustas, com calcanhares do tamanho de suas fortes panturrilhas.

UM PROGRAMA CHAMADO *QUEER EYE*

Cerca de um ano depois, consegui uma vaga na escola de teatro Neighborhood Playhouse, em Nova York, onde o reverenciado instrutor Sanford Meisner formou estrelas como Robert Duvall e Mary Steenburgen. Pouco antes de me formar, me apaixonei por Joey Krietemeyer, que viria a ser meu companheiro e minha família pelos sete anos seguintes. Os pais de Joey, Minette e Jim, tinham acabado de se mudar do meio-oeste para Nova York para ficar mais perto dele e de sua irmã, Bess, que viviam em Clinton Hill, Brooklyn. Eu caí de amores pela família dele na hora, e começamos a tradição de jantar juntos aos domingos.

Durante a semana, eu ficava ansioso pelo momento de cozinhar para a minha nova família, planejando refeições que ecoavam as comfort foods norte-americanas que Joey e Bess comeram a vida inteira e às quais eu acrescentava um *twist* contemporâneo. Pratos como o Bolo de carne de peru com recheio de cheddar (*página 222*) e o Macarrão com queijo, ervas e ervilhas (*página 146*), mas também opções mais leves como Cenouras assadas com pesto das próprias folhas (*página 94*), "Arroz" de couve-flor com parmigiano (*página 96*) e Salada de pêssego grelhado com tomate e amêndoa (*página 81*).

Naquela época, eu estava cansado de servir mesas e trabalhar até tarde da noite. Tinha me formado na Playhouse e ainda estava fazendo cursos de atuação e testes, mas vinha tentando descobrir qual seria minha próxima atividade para pagar as contas. Meu amigo PJ Vogt, que fazia tempo vinha me encorajando a seguir minha paixão pela cozinha, um dia comentou que um cara chamado Ted Allen – o especialista em comida e vinho do *Queer eye* original e apresentador do programa *Chopped* – acabara de publicar um livro de culinária e faria uma sessão de autógrafos na Greenlight Bookstore naquela noite.

Joey foi comigo à livraria, nós engatamos uma conversa com Ted e descobrimos que éramos vizinhos. Ted iria dali para um evento de degustação de vinhos onde encontraria seu marido, Barry Rice, e nos convidou para ir junto. Não demorou para que nós quatro virássemos amigos próximos. Ted e Barry estavam procurando alguém para ajudá-los em tarefas administrativas e pesquisas para um novo negócio. Sabendo que eu estava caçando trabalho, eles me ofereceram o emprego. Os horários eram flexíveis, o que significava que eu poderia escapulir para testes em cima da hora. Era perfeito.

INTRODUÇÃO

Barry tinha uma ampla coleção de móveis modernistas e estava considerando abrir uma galeria. Assim, ajudei-o a documentar as peças existentes, comprar outras em leilões e encontrar tapeceiros, tecelões e vidraceiros de ponta. Organizei os compromissos com a imprensa de Ted e coordenei sua agenda atribulada. Enquanto isso, fui aprendendo sobre cronogramas de produção, conhecendo pessoas do mundo da cozinha, escrevendo sobre culinária e ajudando Ted nas pesquisas para suas palestras sobre alimentação e nutrição. Sem me dar conta, eu estava me preparando para o *Queer eye*.

Nas páginas a seguir, você irá encontrar uma mistura de pratos que refletem meu caminho de vida e, também, minhas próprias descobertas. Sopas e cozidos como chlodnik, zurek e bigos (*páginas 117, 124 e 137*) – receitas que meus pais trouxeram da Polônia para a América do Norte – me mantêm conectado às minhas raízes. Tortas alsacianas (*página 68*) e Frico apimentado de erva-doce (*página 65*) são alguns dos petiscos dos quais me valho quando chamo amigos para uma festa descontraída em casa. Para ter energia durante a semana, recorro a pratos saudáveis como as Fitas de cenoura com gengibre, salsinha e tâmara (*página 86*) e as Lentilhas beluga picantes (*página 110*).

Espero que as receitas deste livro levem alegria para a sua cozinha e inspirem você a descobrir os pratos que moldaram a sua vida. Nada poderá me deixar mais orgulhoso ou feliz.

INTRODUÇÃO 31

MEUS TOP DEZ
MANTRAS CULINÁRIOS

1
Compre os melhores ingredientes que puder. Pratos simples feitos com ingredientes de qualidade são os que têm o melhor sabor e dão mais satisfação no preparo.

2
Não coloque muita pressão sobre si mesmo quando estiver recebendo pessoas. Valha-se de petiscos que possam ser preparados com antecedência, como as Azeitonas quentes com ervas e amêndoas (*página 38*), o Dip de alcachofra e queijo com limão-siciliano e alecrim (*página 53*) ou uma tábua de queijos.

3
Tenha uma boa despensa. Itens como um bom azeite de oliva, castanhas, grãos de cozimento rápido e feijão enlatado podem ajudar a preparar diversos pratos em pouco tempo.

4
Queijo e castanhas fazem maravilhas ao adicionar profundidade de sabor e textura a todo tipo de preparo, especialmente aperitivos, saladas e legumes.

5
Pequenos pratos à base de vegetais, como os Aspargos com ovos moles (*página 88*), a Salada de batata na gordura de pato com molho de mostarda (*página 84*) e o Milho de verão com chorizo e coentro (*página 100*), podem ser incluídos em um almoço ou um jantar para deixá-los completos.

6
Uma sobremesa pode ser tão simples quanto uma pilha de Cookies de caubói com especiarias (*página 240*) ou um prato com Melancia marinada em azeite e pimenta com halloumi (*página 255*).

7
Retrô é divertido, especialmente quando se trata de algo com significado para você. No meu caso, o Domo de mousse de framboesa da minha mãe (*página 252*).

8
Qualquer ressaca, não importa quão feroz seja, pode ser aliviada com um prato de zurek quente (*página 124*).

9
Omeletes francesas (*página 164*) **são românticas**.

10
Ervilhas congeladas para presidente.

APERITIVOS

O petisco perfeito –
Tâmaras com queijo azul,
amêndoa e prosciutto — 36

Azeitonas quentes
com ervas e amêndoas — 38

Masala de amendoim
da Reema — 41

Dois petiscos de
rua favoritos — 42

    Jícama com limão
    e Tajín — 43

    Manga verde com
    pimenta, açúcar
    e sal — 43

Canapés dos Porowski
dos anos 1990 — 45

Tartines de arenque
com maçã-verde e
lâminas de rabanete — 47

Alho assado sem
pressa com pepitas
de queijo e mel — 48

Aula rápida de
tábua de queijos — 49

Dip de alcachofra e
queijo com limão-siciliano
e alecrim — 53

Rabanetes com
manteiga de pimenta
rosa e cebolinha — 54

Queso blanco do Jonny — 57

Dip de lagosta com
ervas e açafrão — 58

Melancia marinada
em azeite e pimenta
com halloumi — 60

Ricota com cogumelo
em conserva, avelã
torrada e mel — 63

    Cogumelo
    em conserva — 64

Frico apimentado
de erva-doce — 65

Poutine *hi-lo* — 67

Torta alsaciana
em três versões — 68

Torta com cebola roxa
tostada e crème fraîche — 69

    Crosta de
    torta alsaciana — 69

Torta com alho-porrô
derretido, gruyère
e prosciutto — 72

Torta com abóbora e
calda de missô — 73

O petisco perfeito

Tâmaras

COM QUEIJO AZUL, AMÊNDOA + PROSCIUTTO

Serve de 4 a 6

Este hors d'œuvre (aperitivo) representa o modo como abordo todo prato que faço, buscando atingir um equilíbrio de sabores e texturas. O que chega à boca primeiro com este rolinho é o sal e um pouco de gordura; depois, ele se torna doce e "pegajoso", seguindo para uma sensação afiada e, então, um bem-vindo toque crocante para arrematar. Tâmaras medjool são conhecidas pelo tamanho grande e pelo dulçor (que lembra um caramelo), atributos que as tornam perfeitas para esta receita. Gosto das amêndoas marcona aqui por causa do sabor adocicado e amanteigado, mas qualquer amêndoa torrada e salgada de boa qualidade dá conta do recado.

---

24 tâmaras medjool, de preferência sem caroço

115 g de prosciutto (presunto de Parma) em fatias finas

85 g de queijo azul

24 amêndoas torradas e salgadas, de preferência do tipo marcona

---

Preaqueça o forno a 190 °C, com a grelha no nível do meio. Forre uma assadeira com papel-manteiga.

Caso as tâmaras não estejam descaroçadas, faça um corte lateral em cada uma delas e retire o caroço.

Corte ou rasgue as fatias de prosciutto no sentido do comprimento, formando tiras de mais ou menos 3 cm de largura. Se não completar as 24 tiras, corte as maiores pela metade para compensar a diferença.

Com *Kind of blue* do Miles Davis tocando, recheie cada tâmara com um pedacinho – cerca de ½ colher (chá) – de queijo azul e 1 amêndoa. Aperte suavemente para fechar a abertura e envolva a tâmara com a tira de prosciutto. Coloque os rolinhos na assadeira, com o lado do corte para cima, para que o queijo não escorra por inteiro.

Asse as tâmaras por 7 a 10 minutos, até estarem ligeiramente borbulhando. Retire do forno e deixe esfriar por alguns minutos antes de servir. Elas são mágicas quando ainda quentinhas, mas totalmente aceitáveis em temperatura ambiente.

DICA Com sua textura quase mole e sabor não tão intenso, o saint agur, que derrete sem igual, é meu queijo azul favorito para este prato. Dito isso, não existe escolha errada de queijo azul aqui. O cambozola, um queijo azul tipo brie, oferece sua cremosidade de luxo e um sabor mais suave, ao passo que o afiado stilton confere um contraste mais robusto com a doçura das tâmaras. Um queijo dinamarquês mais esfarelento também não seria o fim do mundo, especialmente se você prefere os azuis mais mansos, e, por se tratar de um queijo mais seco, torna o conjunto todo menos bagunçado.

Serve de 4 a 6

Azeitonas quentes
com ervas e amêndoas

A primeira vez que experimentei essas azeitonas quentes foi no Le Dominion, meu hotel favorito em Quebec. Desde então, já as preparei um zilhão de vezes, variando as ervas e, às vezes, como é o caso aqui, acrescentando as amêndoas marcona, que conferem um sabor adocicado e tostado, além da textura crocante. Elas são um tira-gosto perfeito e podem ser apreciadas sozinhas ou com queijo e baguete. Qualquer variedade de azeitona do seu gosto funciona bem, mas uma mistura de tipos é especialmente atraente.

---

340 g de azeitona sortida (como castelvetrano, marroquina curtida no óleo e kalamata) não temperada, com ou sem caroço e escorrida

60 g de amêndoa marcona torrada e salgada

¼ de xícara (chá) de azeite de oliva extravirgem

1 colher (sopa) de vinagre de vinho tinto

1 ½ colher (chá) de alecrim fresco picado finamente e 1 ramo em pedaços de 5 cm

1 ½ colher (chá) de tomilho fresco picado finamente e 1 ramo em pedaços de 5 cm

Em uma panela média, junte as azeitonas, as amêndoas, o azeite de oliva, o vinagre, o alecrim e o tomilho picados e aqueça em fogo médio, mexendo de vez em quando até que as azeitonas fiquem quentes e perfumadas (de 4 a 5 minutos). Tire do fogo.

Acrescente os ramos de ervas e disponha em uma tigela. Sirva ainda quente ou em temperatura ambiente.

DICA Embora azeitonas descaroçadas pareçam atraentes no mercado, eu geralmente opto pelas com caroço. Azeitonas sem caroço tendem a absorver mais salmoura do que suas colegas intocadas, e esse acréscimo de sal pode se sobrepor às notas frutadas e tornar a carne da azeitona mais mole ou descorada.

Masala de amendoim da Reema

Rende cerca de 5 xícaras (chá)

Eu abro um sorriso toda vez que preparo esta receita, não só porque é totalmente viciante mas também porque me lembra a minha melhor amiga, Reema Sampat. Ela a compartilhou comigo durante a segunda temporada de *Queer eye*, quando eu queria um aperitivo simples, de inspiração indiana e que fosse uma explosão de sabores. Jason (o cara do Burning Man) era um grande fã tanto de amendoins como de cozinha indiana. Foi aí que lhe apresentei os sabores vivos e robustos que representam boa parte da comida de rua indiana e o ensinei a levar esse seu petisco favorito a um outro patamar. Dourar os amendoins em um pouco de azeite de oliva antes de misturá-los aos temperos deixa-os mais crocantes e ajuda as especiarias a desprenderem seus aromas.

---

2 xícaras (chá) de cebola roxa picada grosseiramente

2 colheres (chá) de azeite de oliva extravirgem

450 g de amendoim torrado sem sal

2 ¼ de colheres (chá) de cúrcuma moída

½ colher (chá) de pimenta caiena

1 colher (sopa) bem cheia de raspas de limão

⅓ de xícara (chá) de suco de limão

1 ¾ de colher (chá) de sal kosher*

2 xícaras (chá) de folha e do talo macio de coentro picados grosseiramente

Coloque as cebolas em uma tigela média, acrescente alguns cubos de gelo e cubra com água bem gelada. Reserve. (Deixar as cebolas de molho tira um pouco da acidez. Se você gosta de um sabor mais intenso, como é o caso da Reema, pule esta etapa.)

Em uma frigideira grande (de 30 cm) antiaderente ou de aço inox, aqueça o azeite de oliva em fogo médio. Acrescente os amendoins, reduza o fogo para médio-baixo e refogue por 15 a 20 minutos, mexendo frequentemente e de olho na sua frigideira (amendoins queimados não têm salvação) até que eles tenham dourado uns dois tons e estejam soltando aquele cheiro profundamente tostado. (Quanto mais crocantes e marrom-escuros, melhor.)

Abra um espaço no meio da frigideira e nele coloque a cúrcuma e a pimenta caiena. Torre as especiarias, sem mexer, por cerca de 1 minuto, até desprenderem os aromas. Acrescente rapidamente as raspas de limão, o suco de limão (a frigideira vai fumegar um pouco) e o sal. Misture para envolver os amendoins com os temperos. Retire a frigideira do fogo, transfira os amendoins para uma tigela de servir e deixe esfriar de 5 a 10 minutos.

Escorra as cebolas e seque-as com um pano de prato limpo. Acrescente as cebolas e o coentro aos amendoins e chacoalhe para misturá-los. Sirva com uma colher! Ninguém merece uma orgia de dedos no prato servido.

---

* O sal kosher é bastante usado por chefs norte-americanos. Seus cristais, maiores que os do sal de cozinha e os do sal marinho, permitem a quem está cozinhado uma boa noção da quantidade. Além disso, conferem beleza e textura na finalização de um prato. Como os grãos maiores do kosher ocupam mais espaço (em uma colher, por exemplo), em caso de substituição pelo sal de cozinha ou pelo sal marinho utilize metade da quantidade apresentada neste livro. E, em caso de necessidade, ajuste ao final da receita. (N. E.)

APERITIVOS

Dois petiscos de rua favoritos

42 APERITIVOS

Adoro estes dois petiscos deliciosamente frescos, vindos de diferentes cantos do mundo. Conheci a versão com jícama (ou nabo mexicano, suculento e crocante) com uma das minhas melhores amigas, Ariadna. No México, apreciam a jícama cortada em palitos e temperada com suco de limão, sal e pimenta vermelha ou com Tajín Clásico (um tempero popular feito com pimenta dedo-de-moça desidratada, sal e suco de limão desidratado). A versão com manga, visualmente similar, vem da Malásia, e eu a descobri quando trabalhei como garçom no Fatty Crab, em Nova York. Seu sabor também traz o trio ácido, apimentado e levemente adocicado. Essas duas receitas exemplificam a universalidade de alguns perfis de sabor, seja na América ou na Ásia. Acho que tem algo de reconfortante e filosófico aí.

Jícama com limão e Tajín

Serve 4

1 jícama do tamanho de uma bola de beisebol (cerca de 650 g)

Raspas e suco de 1 limão grande

2 colheres (chá) de Tajín Clásico (*ver a dica*)

Sal marinho em flocos (por exemplo, o Maldon)

Limpe a jícama com um descascador de legumes bem afiado e faça palitos de 1,5 cm de espessura. Em uma tigela grande, misture a jícama, as raspas e o suco de limão, o Tajín e 1 pitada do sal. Coloque em uma travessa e sirva.

 Caso não encontre o Tajín Clásico, qualquer pimenta vermelha em pó substitui muito bem. Se você escolher uma opção sem sal, vá acrescentando e experimentando.

Manga verde com pimenta, açúcar e sal

Serve de 4 a 6

1 colher (sopa) de açúcar

1 colher (chá) de pimenta vermelha em pó

½ colher (chá) de pimenta caiena

¼ de colher (chá) de sal kosher (*ver nota da página 41*)

2 mangas verdes, descascadas, sem caroço e cortadas em palitos de 1,5 cm de espessura

Misture o açúcar e os temperos em um bowl. Disponha os palitos de manga em uma travessa grande e sirva com a mistura de especiarias (para passar os palitos).

 Mangas verdes são mais firmes e ácidas do que as maduras de tom laranja avermelhado. Elas ficam ótimas em saladas e neste tira-gosto. Para prepará-las, primeiro tire a casca com um descascador de legumes, depois corte um pedaço pequeno da base (no lado oposto ao do talo) para conseguir deixar a manga de pé. Com uma faca do chef e começando a cerca de 1,5 cm do meio para não acertar o caroço, corte a fruta em todo o seu comprimento, para tirar a carne em um só pedaço. Repita do outro lado do caroço e reserve o que sobrou da manga com o caroço. Coloque um dos pedaços da carne da fruta na tábua e corte no sentido do comprimento em pedaços de 1,5 cm de largura. Depois, corte os pedaços em palitos regulares. Repita com a segunda peça cortada. Por fim, corte a carne do caroço. Esses pedaços vão ficar bem irregulares, mas o gosto é tão bom quanto.

Canapés dos Porowski dos anos 1990

Rende 18 canapés

Estes canapés eram servidos em nove de cada dez festas que os meus pais davam antes de qualquer feriado ou evento. Eu ficava vendo minha mãe e minha irmã do meio, Aleks (que adorava fazer tudo que fosse decorativo), montando cada canapé meticulosamente. Por sorte, mesmo com intolerância à lactose, eu podia comer queijo de cabra sem me preocupar, então eles eram minha salvação diante das muitas delícias de queijo que eu não podia apreciar na época. (Sim, eu lutei para me livrar dessa.) Adoro a textura e o sabor que o queijo de cabra fresco com casca dá a esses petiscos, mas você também pode usar a versão mais comum (sem casca).

---

1 baguete

300 g de queijo de cabra

12 tomates secos mantidos em azeite, cada um fatiado no comprimento, em 3 finas fatias, mais 3 colheres (sopa) do azeite do pote

¼ de xícara (chá) de pinoli

6 a 8 folhas de manjericão fresco

DICA Para que as fatias de queijo não colem na sua faca, não use uma faca! Em vez disso, utilize um pedaço de fio dental sem sabor. Segure-o bem esticado com as duas mãos e pressione de uma só vez, para baixo, até obter um corte limpo. (Você pode usar o mesmo truque para cortar cilindros de massa de cookie.)

Preaqueça o forno a 200 °C, com a grelha no nível mais alto.

Corte 18 fatias de baguete com 1,5 cm de espessura e disponha em uma assadeira.

Corte o queijo de cabra em 18 rodelas. Disponha o queijo sobre o pão e, em seguida, coloque 2 tiras de tomate seco por cima, em forma de X. Acomode os pinolis sobre os canapés e acrescente um fio do azeite do tomate seco.

Leve ao forno por 6 a 8 minutos, até que os pinolis fiquem dourados e o queijo comece a derreter.

Enquanto isso, faça uma pilha bem arrumada com as folhas de manjericão, enrole-as no sentido do comprimento e, com uma faca do chef bem afiada, corte o rolinho em finas fatias transversais. (Esse corte é chamado de chiffonade, caso você queira impressionar alguém que esteja de olho nas suas habilidades com a faca enquanto prepara os canapés.)

Retire os canapés do forno e transfira para uma bandeja. Coloque o manjericão por cima. Sirva quente.

APERITIVOS

Tartines de arenque

com maçã-verde + lâminas de rabanete

Rende 6 tartines ou 24 canapés

Tradicionalmente servidas na nossa noite de Natal polonesa, quando tínhamos pilhas de travessas com arenque e todo tipo de acompanhamento para criar nossas versões customizadas, estas tartines lembram a combinação de sabores que minha irmã mais velha, Karolina, e eu adoramos. Lâminas bem finas do picante rabanete e maçã-verde usada em tortas formam o contraste perfeito para o gosto forte e salgado do arenque em conserva. Creme azedo e endro picado completam o aperitivo. Deliciosas como tartines – pedaços de pão ou torradas cobertos com alguns ingredientes e servidos assim –, elas também servem como um agradável hors d'œuvre quando cortadas formando canapés.

---

6 fatias (pouco mais de 0,5 cm de espessura) de pão denso de kamut ou de espelta tostadas e frias

5 colheres (sopa) de manteiga sem sal amolecida

Sal marinho em flocos

1 maçã granny smith pequena, cortada ao meio, sem miolo e em fatias finas

340 g de arenque em conserva em vinho, escorrido e com os picles de cebola reservados

4 rabanetes pequenos, em fatias finíssimas

1 chalota pequena picada finamente

1/3 de xícara (chá) bem servida de sour cream*

2 colheres (sopa) de endro (dill) fresco picado grosseiramente

Pimenta-do-reino moída grosseiramente

Passe manteiga nas torradas. Coloque 1 pitada do sal em cada uma delas e, por cima, disponha as fatias de maçã, em leque. Cubra cada tartine com um pouco de arenque, algumas fatias de rabanete, um pouco de chalota e um pouco dos picles de cebola reservado, caso haja. Complete com 1 colher (sopa) do creme azedo. Para fazer canapés, corte cada tartine em quatro pedaços. Cubra com o endro e a pimenta-do-reino e sirva.

DICAS

Caso você tenha um mandolin, use-o para fatiar os rabanetes em rodelas finas como papel.

Se você pretende servir bebidas com as tartines, vá de vodca bem gelada, como fazemos na minha família. (Mantenha sua vodca sempre no freezer. Isso mantém seus coquetéis gelados por mais tempo.) Vinho não harmoniza com o arenque em conserva – a combinação deixa um gosto metálico na boca depois.

---

* O sour cream, ou creme azedo, consiste em um creme de leite fermentado, ácido e espesso. Comum em receitas norte-americanas e europeias, não é fácil de encontrar no Brasil. Resultado semelhante pode ser obtido misturando 1 colher (sopa) de suco de limão em 1 xícara (chá) de creme de leite fresco e deixando essa mistura em temperatura ambiente por cerca de 30 minutos. (N. E.)

APERITIVOS

Alho assado sem pressa

COM PEPITAS DE QUEIJO + MEL

Serve de 4 a 6

Este alho assado devagarinho é minha versão pessoal de cookies no forno: lufadas cheirosas de afeto e familiaridade recebem seus convidados quando eles entram na sua casa. Sempre dá para incluir dentes de alho assados e bem tostados em molhos de salada, marinadas, molhos especiais e muito mais, mas neste prato eles são protagonistas, acompanhados simplesmente de um bom pão, queijo de qualidade e um fio de mel bem doce. Prepare o terreno para o seu próximo jantar e deixe os convidados construírem seus próprios petiscos.

---

250 g de cabeça de alho inteira (3 a 4, dependendo do tamanho)

1 ½ colher (sopa) de azeite de oliva extravirgem

Sal kosher (ver nota da página 41)

250 g de queijo parmigiano reggiano envelhecido

1 baguete

⅓ de xícara (chá) de mel de trevo (ou do seu mel favorito, sem sabor adicionado)

Preaqueça o forno a 190 °C, com a grelha no nível do meio.

Corte o topo de cada cabeça de alho em cerca de 0,5 cm a 1 cm, expondo os dentes. Coloque cada cabeça, uma por vez, no meio de uma folha de papel-alumínio grande o suficiente para envolvê-lo por inteiro, regue com cerca de 1 ½ colher (chá) de azeite de oliva e salpique 1 pitada de sal. Enrole bem a cabeça de alho no papel-alumínio.

Coloque os pacotinhos diretamente na grelha do forno e asse por 40 a 50 minutos, até que os dentes estejam marrom-escuros e macios como manteiga. Tire os pacotes do forno e deixe esfriar por 5 a 7 minutos antes de desembalar o alho.

Para servir, coloque as cabeças de alho assado em uma tábua de madeira ou uma travessa. Ao lado, disponha sua peça de parmigiano reggiano, uma faca de descascar para o queijo, uma faca de manteiga para espalhar os dentes de alho e a baguete.

Para o petisco perfeito, rasgue um pedaço de baguete, aperte um ou dois dentes de alho para tirá-los da pele e amasse-os em cima do pão. Pegue um pedaço de parmesão, coloque-o por cima e regue com um fio de mel.

DICA

Quando você for comprar seu parmigiano reggiano, certifique-se de que o nome dele é mesmo esse (e não apenas parmesão) e de que foi envelhecido por pelo menos dois anos. O nome, que virá gravado na casca do queijo, indica um parmesão com Denominazione di Origine Controllata (DOC), o que, por lei, deve ser feito nas regiões da Lombardia e da Emília-Romanha, no norte da Itália. O envelhecimento garante um sabor mais completo. Quando o queijo acabar, mantenha-se firme com a casca (ela dura indefinidamente se bem embalada e congelada); é um belo intensificador de sabor e pode ser acrescentada ao caldo no preparo de sopas, molhos (*página 190*), chilis ou cozidos. Retire-a quando o prato estiver pronto e descarte.

Aula rápida de tábua de queijos

Em vez de apenas servir alguns pedaços de queijo em uma tábua, faça uma combinação com *know-how* e criatividade para torná-la memorável aos olhos dos seus convidados (e para o seu *feed* do Instagram; *imagem nas páginas 50-51*). No inverno, adoro escolher diferentes frutas secas e/ou pastas para acompanhar cada queijo. No verão, vá de frutas frescas fatiadas e frutas vermelhas.

Queijo azul
A intensidade dos azuis – que incluem o quebradiço stilton, o cremoso dinamarquês e o original francês Saint Agur – casa muito bem com uvas doces, tâmaras e figos (frescos ou secos).

Chèvre (queijo de cabra)
Costumo utilizar queijos de cabra suaves, que você pode encontrar frescos e sem casca ou levemente maturados com uma casca fina e comestível, como o Chabichou du Poitou ou o Crottin de Chavignol. Gosto de regar os frescos com um fio de mel de boa qualidade e salpicar pimenta rosa moída ou amassada. Quando compro os tipos com casca, aprecio sem adornos, acompanhados de frutas secas (damascos caem bem), castanhas e/ou biscoitos.

Cheddar pronunciado
A Cabot Creamery, em Vermont, faz meu cheddar favorito envolto em tecido – ele é envelhecido em tecido em vez de cera, o que resulta em um queijo mais seco e com um sabor mais profundo e rico. Fica fantástico com pastas adocicadas, como manteiga de pistache, conservas de damasco e de cereja usadas em tortas ou, ainda, tâmaras medjool. Cheddar também é ótimo acompanhado de pepininhos em conserva e da sua mostarda l'ancienne favorita.

Emmental e gruyère
Esses queijos de montanha com sabores complexos, adocicados e com toques de castanhas, casam bem com amêndoas torradas e salgadas, especialmente as marcona, e castanhas-de-caju. O autêntico emmental (emmentaler) é oriundo da Suíça, mas você também pode encontrar versões excelentes vindas da França (o emmental de Savoie e o emmental grand cru, com leite cru, por exemplo) e da Alemanha. Os melhores gruyère vêm da Suíça e da Alemanha, assim como da França, onde são feitas as variedades beaufort, emmental e comté (ou gruyère de comté).

Queijos fedidos
Do cremoso e adocicado robiola Piemonte ao original epoisses (e tudo o mais que se encontre entre os dois), eles funcionam bem com pedaços de baguete fresquinha. Queijos fedidos variam em textura e intensidade, além de serem feitos com diversos tipos de leite. Conheça-os experimentando as diferentes opções.

 Calcule de 60 g a 90 g de queijo por pessoa. Selecione pelo menos dois ou três queijos, mesmo para uma tábua pequena, e deixe-os chegar à temperatura ambiente antes de servir. Pense na textura, no sabor, no tipo de leite, no estilo e no nível de originalidade; é interessante misturar coisas diferentes. Você pode criar um tema (queijos espanhóis ou de leite de vaca, por exemplo), caso goste dessa proposta, ou manter a coisa toda bem simples. Há muitos modos de fazer, e nenhuma regra estrita a seguir.

APERITIVOS

Aula rápida de tábua de queijos
(*página 49*)

Dip de alcachofra e queijo

COM LIMÃO-SICILIANO E ALECRIM

Rende 4 xícaras; serve 8

Com textura que se desmancha, repleto de sabores e perfeito para qualquer acompanhamento – de chips da Kettle ou baguete até folhas de endívia, ou mesmo seus dedos –, este creme é a porta de entrada a um estado de coma de tanto comer. Com queijos de qualidade, ele fica memorável para os seus convidados (ou para você sozinho no seu sofá – sem julgamentos).

---

185 g de alcachofra marinada, escorrida e picada grosseiramente ou em quartos, se forem inteiras

220 g de cream cheese amolecido

170 g de gruyère ralado

115 g de cheddar branco pronunciado, ralado

220 g de sour cream (*ver nota da página 47*)

2 colheres (sopa) de suco de limão-siciliano

2 colheres (chá) de alecrim fresco picado finamente

¼ de colher (chá) de pimenta-do-reino moída na hora

Fatias torradas de baguete, verduras e legumes crus e/ou seus chips ou biscoitos favoritos para servir

DICA Para obter o melhor gosto e a textura ideal, escolha alcachofras marinadas em óleo (em vez das enlatadas, que vêm encharcadas em água).

Preaqueça o forno a 200 °C, com a grelha no nível do meio.

Coloque todos os ingredientes do dip em um bowl e misture bem. Transfira para um refratário de 20 cm, uma assadeira de 25 cm a 30 cm ou uma travessa para gratinar com capacidade de 2 L.

Asse por 22 a 25 minutos, até o preparo ficar borbulhando e dourado-claro em cima. Deixe esfriar por 7 a 10 minutos antes de servir. (Eu já queimei minha boca mais vezes do que posso admitir.) Sirva com fatias torradas de baguete, verduras e legumes crus e/ou biscoitos ou chips.

Rabanetes

COM MANTEIGA DE PIMENTA ROSA E CEBOLINHA

Serve de 4 a 6

Foi um dos meus restaurantes favoritos, o NoMad, em Nova York, que chamou a atenção da minha boca para este agrado. É tanto uma brincadeira com morangos cobertos de chocolate branco como um aceno à tradição francesa de servir rabanetes crocantes com manteiga e sal. Neste caso, a manteiga é parcialmente derretida e, depois, batida, para deixá-la brilhante mas ainda mole o suficiente para cobrir os rabanetes. O tempero é feito com pimenta rosa moída e cebolinha-francesa. Os rabanetes são mergulhados rapidamente e se refrescam um pouquinho na geladeira, o que endurece a manteiga com esplendor.

DICA Se a única manteiga de boa qualidade disponível for salgada ou ligeiramente salgada ("demi-sel"), tire da receita o sal no momento de acrescentar a pimenta rosa e a cebolinha. Caso você não tenha micro-ondas, derreta a manteiga em uma panela pequena em fogo bem baixo, tirando a panela do fogo e mexendo de vez em quando até a manteiga derreter só pela metade.

2 punhados de rabanetes pequenos a médios

8 colheres (sopa) de manteiga sem sal de boa qualidade, como a francesa, a irlandesa ou a de Vermont

1 colher (sopa) de cebolinha-francesa picada finamente

1 colher (chá) de pimenta rosa amassada com os dedos

Sal marinho em flocos

Forre uma assadeira com papel-manteiga ou papel vegetal. Lave bem os rabanetes, tirando toda e qualquer sujeira dos ramos (especialmente na base), e seque cuidadosamente. Corte os ramos até uns 2 cm, deixando uma ou duas folhas pequenas, se quiser.

Em uma tigela que possa ir ao micro-ondas, aqueça a manteiga em intervalos de 10 segundos, observando-a cuidadosamente até estar meio derretida (cerca de 30 segundos). Caso ela seja em tablete, o segredo é ter cerca de metade dele ainda intacto.

Bata vigorosamente a manteiga até ela ficar completamente opaca – ela deve se tornar líquida, mas com a mesma cor de um tablete em temperatura ambiente. Se ela ficar translúcida, você a aqueceu demais. (Não se preocupe, é só resfriar até solidificar de novo e depois aquecer um pouco e voltar a bater.) Acrescente a cebolinha-francesa, a pimenta rosa e ½ colher (chá) do sal.

Seque os rabanetes de novo caso eles estejam mesmo que só um pouco úmidos. Mergulhe um rabanete na manteiga para cobri-lo, deixando o topo descoberto, e coloque na assadeira preparada. (Se a cobertura estiver fina demais ou não estiver pegando, espere de 2 a 3 minutos para a manteiga esfriar um pouco antes de tentar de novo. Se a manteiga ficar grudenta enquanto você estiver mergulhando os rabanetes, é porque esfriou demais; reaqueça com cuidado e bata novamente.) Repita com os demais rabanetes e depois leve ao refrigerador até a manteiga ficar no ponto (cerca de 10 minutos). (*Os rabanetes podem ser mantidos refrigerados descobertos por até 8 horas.*) Sirva com um montinho do sal em flocos ao lado para completar.

54 APERITIVOS

Queso blanco do Jonny

Rende cerca de 3 xícaras (chá); serve de 4 a 6

Meu parceiro de *Queer eye* e melhor amigo Jonathan Van Ness provavelmente me ameaçaria de morte se eu não incluísse pelo menos uma receita só para ele, então apresento-lhes o queso blanco do Jonny. Quando estávamos gravando na Geórgia, pedíamos porções desse aperitivo (ou prato principal, se você for como a gente) pegajoso e delicioso no nosso restaurante tex-mex favorito em Atlanta. Como o Jonny bem indicou (e continua sendo assim, não importa aonde nossas viagens nos levem), um bom queso deve ser fluido e – o mais importante – sem nenhuma folhinha de coentro à vista. Já que eu não ousaria decorar esta versão do prato com uma das minhas ervas favoritas, não pude me conter em acrescentar um pouco de linguiça crocante, o que faz dele (quase) uma refeição completa. Certo?

DICA Certifique-se de comprar linguiça fresca para esta receita, e não as versões secas e/ou defumadas. Ela pode ser encontrada em supermercados e em estabelecimentos gourmet.

---

450 g de queijo americano branco (como o Land O'Lakes), picado grosseiramente

1 xícara (chá) de leite integral

2 colheres (sopa) de manteiga sem sal

½ colher (chá) de cominho moído

¼ de colher (chá) de alho em pó

125 g de pimenta verde em conserva escorrida e picada

170 g de chorizo fresco com a tripa removida

Chips de tortilha para servir

Em uma tigela grande e refratária, misture o queijo, o leite, a manteiga, o cominho e o alho em pó.

Coloque dois dedos de água em uma panela média e leve ao fogo. Quando abrir fervura, abaixe o fogo e coloque a tigela na panela para cozinhar no banho-maria, mexendo frequentemente por 5 a 7 minutos até a mistura de queijo derreter, homogeneizar e borbulhar ligeiramente. Acrescente a pimenta verde, retire do fogo e reserve.

Coloque o chorizo em uma frigideira em fogo médio-alto e vá mexendo de vez em quando, por cerca de 4 minutos, para desmanchar a linguiça e a gordura se soltar, até o chorizo ficar bem crocante. Retire do fogo.

Transfira o queso para um bowl. Com uma escumadeira, retire o chorizo da frigideira e espalhe sobre o queso. Sirva o prato quente, com chips de tortilha para mergulhar.

Dip de lagosta

com ervas e açafrão

Rende 5 ½ xícaras; serve de 8 a 10

Este dip é uma homenagem a um dos meus produtos franceses favoritos, o boursin, queijo cremoso, de sabor forte e aroma herbáceo, que era o que havia de mais gourmet nos Estados Unidos nos anos 1970 – e ainda merece um lugar à mesa. Açafrão e pedaços carnudos de lagosta fazem da minha versão do queijo um item sofisticado de festa. Aproveite os restos (se você tiver a sorte de sobrar um pouco) com cheddar de boa qualidade ralado para fazer um sanduíche de queijo quente bem especial.

¼ de colher (chá) bem cheia de pistilo de açafrão

225 g de cream cheese amolecido

½ xícara (chá) de maionese

1 colher (sopa) de raspas de limão-siciliano

2 colheres (sopa) de suco de limão-siciliano

2 dentes de alho ralados ou espremidos

1 colher (chá) de sal kosher (ver nota da página 41) ou a gosto

¼ de colher (chá) de pimenta-do-reino moída na hora

450 g de carne de lagosta cozida, em pedaços de 2,5 cm

170 g de parmesão (de preferência, parmigiano reggiano) ralado finamente

3 colheres (sopa) de manjericão fresco picado finamente

1 colher (sopa) de endro (dill) fresco picado finamente

1 colher (sopa) de cebolinha-francesa picada finamente

Legumes crus variados (como cenoura, salsão, pimentão, ervilha na vagem, rabanete, tomate-cereja e endívia), batatas chips onduladas e/ou biscoitos Ritz para servir

DICA

Você pode comprar carne de lagosta já cozida para esta receita ou cozinhar 3 lagostas (700 g) para obter 450 g de carne cozida.

Em um bowl pequeno, misture o açafrão com 2 colheres (sopa) de água quente. Reserve até que a água fique em um tom laranja-escuro (cerca de 10 minutos).

Misture o cream cheese, a maionese, as raspas e o suco de limão-siciliano, o alho, o sal e a pimenta em uma tigela grande e bata com um mixer na velocidade média-alta por 1 a 2 minutos, até ficar aerado e uniforme.

Junte a mistura de açafrão à mistura de cream cheese e incorpore. Acrescente a lagosta, o parmesão e as ervas. Prove e ajuste o tempero.

Transfira o dip para um prato de servir e deixe na geladeira por pelo menos 30 minutos, ou até 6 horas, para deixar o sabor pegar bem. Retire do refrigerador por 15 a 30 minutos antes de ser consumido.

Sirva com legumes crus, chips e/ou biscoitos Ritz, à sua escolha.

Melancia marinada em azeite e pimenta

COM HALLOUMI

Serve de 6 a 8

Esta é uma das minhas escolhas para receber pessoas no verão: petiscos de melancia marinada em azeite de oliva de boa qualidade e grãos de pimenta-do-reino moídos grosseiramente, cobertos com halloumi salgadinho, grelhado, e hortelã fresca. Refrescante, linda e superfácil de preparar.

---

32 cubos (2,5 cm) de melancia sem semente (1 fruta de cerca de 2 kg)

¼ de xícara (chá) de azeite de oliva extravirgem

1 colher (sopa) de pimenta-do-reino moída na hora ou de mix de pimentas

220 g a 250 g de queijo halloumi escorrido e fatiado

1 punhado generoso de folha de hortelã (rasgada se for muito grande)

Em uma tigela, combine a melancia, o azeite de oliva e a pimenta-do-reino. Reserve por 10 a 15 minutos, misturando delicadamente de vez em quando.

Seque as fatias de queijo halloumi com papel-toalha. Aqueça uma frigideira antiaderente em fogo médio-alto. Acrescente o halloumi e toste por 4 a 6 minutos, virando uma vez, até ficar com tom marrom dourado em ambos os lados. Transfira as fatias de queijo para uma tábua e corte cada uma delas em pedaços um pouco menores que os de melancia.

Para reservar o azeite, use uma escumadeira para transferir a melancia a uma travessa grande de servir. Coloque um pedaço de halloumi sobre cada cubo de melancia e, depois, cubra com um pedaço de hortelã. Regue os petiscos com cerca de 3 colheres (sopa) do azeite, acrescentando uma boa dose da pimenta moída por cima. Sirva imediatamente (ficam mais saborosos com o queijo ainda quente), convidando suas visitas a comer com os dedos.

DICA

O halloumi é um queijo semiduro mantido em salmoura, tradicionalmente vindo do Chipre, que resiste muito bem ao calor (geralmente, é grelhado). Caso não consiga encontrá-lo, utilize cubos do seu queijo feta favorito sem passar pela frigideira. Se os pedaços de queijo não estiverem cortados perfeitamente, não há por que se estressar – pedaços irregulares também são muito bem-vindos.

Ricota

com cogumelo em conserva, avelã torrada + mel

Serve de 4 a 6

Quando criança, meus pais me levavam para colher cogumelos nas cidadezinhas no leste do Canadá. Morchellas eram o grande prêmio para minha mãe, mas eu preferia os adocicados cantarelos e os carnudos porcini. Preparar conservas dessas belezuras garantia que poderíamos desfrutá-las nos meses seguintes, no Natal e na Páscoa, como parte dos nossos banquetes poloneses no jantar ou no brunch. Além de cogumelos em conserva de boa qualidade (que você pode comprar ou preparar – *página 64*), ricota boa e fresca é o segredo aqui. Se você não tiver um mercado onde encontrar uma boa ricota fresca, só faça o favor de comprar a versão integral, que terá um sabor mais rico e mais lácteo do que a ricota light.

DICA Existem deliciosos cogumelos em conserva. Utilize o de sua preferência.

⅓ de xícara (chá) de avelã

400 g de ricota integral

2 colheres (sopa) de mel

Pimenta-do-reino moída na hora

½ xícara (chá) de cogumelo cantarelo em conserva ou de outro cogumelo cortado ao meio ou em quatro se for grande

2 ¼ de colheres (sopa) de azeite de oliva extravirgem

Sal marinho em flocos

¼ de xícara (chá) de folha grande de salsão rasgada

Palitos de salsão para servir

Biscoitos para servir (opcional)

Preaqueça o forno a 180 °C, com a grelha no nível do meio.

Espalhe as avelãs em uma assadeira e leve-as ao forno por 7 a 12 minutos, até desprenderem os aromas e ficarem ligeiramente douradas, formando bolhas na pele. Retire as avelãs do forno e as envolva com um pano de prato limpo. Deixe esfriar por 1 minuto e esfregue as avelãs com o pano, para tirar a pele (tudo bem se as peles não saírem por inteiro). Deixe esfriar completamente, por cerca de 10 minutos, e então pique grosseiramente.

Em uma travessa, espalhe uma camada fina da ricota, desenhando um círculo. Regue com um fio de mel e tempere generosamente com a pimenta. Salpique as avelãs igualmente por toda a superfície e acrescente os cogumelos. Regue-os com 2 colheres (sopa) de azeite de oliva e complete com 1 ou 2 pitadas generosas do sal em flocos.

Em um bowl, misture as folhas de salsão com ¼ de colher (sopa) de azeite de oliva e 1 pitada do sal em flocos. Salpique na ricota.

Sirva com palitos de salsão e biscoitos, se quiser.

Continua...

APERITIVOS

Cogumelo em conserva

Rende 1 xícara (chá)

Cogumelos em conserva ficam ótimos com ricota (*página 63*) e incríveis na composição de uma tábua de queijos (*página 49*), sobre uma torrada de pão de centeio com manteiga, em saladas verdes mais amargas ou como cobertura de pizza.

1 xícara (chá) de vinagre de vinho branco

1 colher (sopa) de açúcar

3 dentes de alho amassados delicadamente e descascados

1 ramo de alecrim fresco

¼ de colher (chá) de sal kosher (*ver nota da página 41*)

150 g de cogumelo comestível, com a ponta aparada e cortado ao meio ou em quatro se for grande

Leve ao fogo uma panela média com o vinagre, o açúcar, o alho, o alecrim e o sal apenas até ferver, mexendo de vez em quando para dissolver o açúcar. Desligue o fogo e acrescente os cogumelos. Tampe a panela e reserve por 10 a 15 minutos, até os cogumelos ficarem bem saborosos.

Se for servir imediatamente, escorra e sirva. Ou deixe esfriar totalmente na salmoura e transfira os cogumelos com a salmoura para um pote, feche e deixe na geladeira por até uma semana.

Frico apimentado de erva-doce

Rende cerca de 4 ½ dúzias; serve de 8 a 10

Eu experimentei pela primeira vez uma versão deste aperitivo no restaurante do Marc Vetri, o Cucina Vetri, na Filadélfia, e fiquei impressionado por ser tão simples e perfeito. Picada bem fininha e ligeiramente caramelizada nas extremidades, com um pouco de queijo derretido e um toque de pimenta, a erva-doce se torna uma surpresa pra lá de elegante. Chamo aqui de frico porque lembra aquelas lascas rendadas de parmesão assado, embora não sejam tão crocantes. Sirva com coquetéis.

---

1 bulbo de erva-doce grande (cerca de 450 g sem as hastes) aparado e com a extremidade da raiz intacta

220 g de queijo parmigiano reggiano ou grana padano ralado

Sal kosher (*ver nota da página 41*)

¾ de colher (chá) de pimenta calabresa

1 a 2 limões-sicilianos grandes

DICA O queijo derrete e assenta melhor nessa receita se ralado em um utensílio profissional ou nos buracos menores de um ralador de quatro faces.

Preaqueça o forno a 200 °C, com as grelhas no nível do meio e no mais alto. Prepare duas assadeiras com papel-manteiga.

Usando uma faca do chef bem afiada, corte o bulbo da erva-doce ao meio, no sentido do comprimento. Coloque uma das metades em uma tábua com o lado reto voltado para baixo e faça fatias finas também no sentido do comprimento, de 2 mm a 4 mm de espessura (quanto mais finas, melhor; qualquer pedaço que desmanchar pode ser pego de volta e fatiado novamente ou reservado para outro uso). Repita o processo com a outra metade do bulbo.

Em uma das assadeiras, distribua 1 colher (chá) do queijo mais ou menos no tamanho de uma das fatias de erva-doce. Coloque a fatia de erva-doce em cima do queijo. Vá repetindo, deixando um espaço de 1,5 cm entre cada fatia, até preencher as assadeiras. (Você irá usar cerca de metade das fatias e do queijo.)

Salpique 1 pitada de sal sobre cada fatia de erva-doce e cubra cada uma com mais 1 colher (chá) de queijo. Salpique as fatias com cerca de metade da pimenta calabresa e complete com um pouco de raspas de limão-siciliano.

Leve ao forno por 8 a 10 minutos. Na metade desse tempo, troque as assadeiras de grelha. Estará pronto quando o queijo ficar borbulhando e dourado.

Deslize o papel-manteiga sobre uma grade para resfriamento e deixe as fatias lá por 4 a 5 minutos (o queijo vai assentar e ficar um pouco crocante). Faça uma nova rodada, tornando a preparar as assadeiras. Sirva quente ou em temperatura ambiente.

APERITIVOS

Poutine HI-LO

Serve de 4 a 6 como acompanhamento ou porção

A poutine – prato québécois de batatas fritas cobertas com nacos de queijo derretendo e molho – é um clássico em Montreal, onde cresci. É a escolha favorita nas lanchonetes e nos restaurantes após uma noitada ou para absorver aquela vodca. No entanto, nos últimos anos, chefs québécois famosos – Chuck Hughes e Martin Picard entre eles – elevaram o prato, acrescentando ingredientes de luxo, como lagosta escaldada na manteiga e foie gras. Minha versão *hi-lo** consiste em unir os Tater Tots adorados nos Estados Unidos e com um demi-glace de pimenta-do-reino verde que substitui o molho tradicional e leva apenas alguns minutos de preparo.

DICAS

Demi-glace é um caldo de carne reduzido, ou seja, bem concentrado. É bastante rico em sabor.

Os cheese curds são muito populares em Quebec e em algumas regiões dos Estados Unidos. São nacos de queijo deliciosos de comer com a mão, como um petisco, e também ótimos para derreter.

800 g de Tater Tots** congelado, de preferência a versão "Extra Crispy"

40 g de demi-glace de carne de vaca ou de vitela, dissolvido em água para render 1 xícara (chá)

2 ½ colheres (chá) de vinagre de maçã

1 folha de louro

1 colher (sopa) de manteiga sem sal resfriada

1 colher (chá) de pimenta-do-reino verde picada grosseiramente

¼ de colher (chá) de sal kosher (*ver nota da página 41*)

170 g de cheese curd*** desfeitos em pequenas pepitas e em temperatura ambiente

1 colher (sopa) de cebolinha picada finamente

Leve os Tater Tots ao forno seguindo as instruções da embalagem (deixe um pouco de espaço entre eles na assadeira, para ajudar a dourar).

Enquanto isso, em uma panela pequena, acrescente a mistura de demi-glace, o vinagre e a folha de louro até ferver em fogo médio-alto. Deixe o molho engrossar um pouco (de 2 a 3 minutos). Retire do fogo, acrescente a manteiga e bata até que a manteiga derreta e o molho fique uniforme. Acrescente a pimenta-do-reino verde e o sal. Retire e descarte a folha de louro.

Coloque metade dos Tater Tots em uma tigela grande e rasa. Salpique metade dos nacos de queijo e da cebolinha-francesa, depois regue com metade do molho. Repita o processo, fazendo uma segunda camada. Sirva imediatamente.

---

* *Hi-lo*, derivado de *high and low*, faz referência ao estilo de mesclar o caro e o barato; o luxo com o "descolado". (N. E.)
** São minibolinhos feitos com batata ralada, muito populares nos Estados Unidos. (N. E.)
*** Também um produto comum em algumas regiões dos EUA e do Canadá, pode ser substituído por nacos de queijo coalho. (N. E.)

APERITIVOS

Torta alsaciana
em três versões

Uma torta alsaciana (também conhecida como tarte flambée) está mais para um pão achatado do que para uma torta de fato. Aqui estão três das minhas versões favoritas. A crosta, fácil, é feita com massa de pizza comprada, que você pode cobrir com o que quiser. A regra de ouro ao fazer suas próprias combinações é manter a coisa simples e mais para leve no quesito peso. Optar por apenas três ou quatro ingredientes permite que cada um deles brilhe e impede que caiam da base enquanto você come. *As imagens estão nas páginas 70-71.*

Torta com cebola roxa tostada e crème fraîche

Rende 12 pedaços

Rústica sem deixar de ser chique, esta é uma ótima opção vegetariana. Ela me lembra a sopa de cebola francesa em forma de torta, o que está longe de ser a pior coisa do mundo.

Azeite de oliva para a chapa/frigideira

4 cebolas roxas médias cortadas em tiras de 1,5 cm de espessura, deixando um pouco da parte da raiz intacta

Crosta de torta alsaciana (à direita), ainda quente

220 g de crème fraîche,* bem misturado

Azeite de oliva extravirgem para regar

Sal marinho em flocos

Pimenta-do-reino moída na hora

Ramos de erva-doce ou de cebolinha-francesa picados para salpicar (opcional)

Aqueça uma frigideira ou chapa em fogo médio-alto. Pincele ligeiramente com o azeite. Disponha as tiras de cebola na frigideira ou chapa quente, com o lado do corte para baixo, e deixe por 5 a 6 minutos, sem mexer, até que o fundo esteja bem dourado e tostado em alguns pontos. Vire as tiras e deixe por mais 5 a 6 minutos, até o outro lado dourar e as cebolas ficarem cozidas, mas ainda firmes. Transfira para uma travessa.

Coloque a crosta ainda quente em uma tábua grande (deixe esfriar um pouco se estiver muito quente) e espalhe o crème fraîche, deixando uma borda de quase 1 cm. Disponha as cebolas tostadas em cima. Corte a torta em 12 pedaços e regue ligeiramente com azeite de oliva. Salpique o sal em flocos, a pimenta-do-reino e os ramos de erva-doce ou cebolinha-francesa, se estiver usando esses ingredientes, e sirva.

---

* O crème fraîche é considerado, por muitos, uma versão francesa do sour cream (creme azedo), de sabor mais suave. Resultado semelhante pode ser obtido misturando medidas iguais de creme de leite fresco e de iogurte natural. (N. E.)

CROSTA DE TORTA ALSACIANA

Rende 1 crosta

Massa de pizza pode ser comprada em mercados e rotisserias. Deixe a massa chegar à temperatura ambiente antes de usar.

2 colheres (sopa) de fubá ou até mais, se necessário

1 colher (sopa) de azeite de oliva extravirgem

450 g de massa de pizza de farinha branca ou integral em temperatura ambiente

Preaqueça o forno a 220 °C, com a grelha no nível do meio.

Polvilhe uma assadeira com uma 1 colher (sopa) de fubá e, em seguida, regue com o azeite. Coloque a massa na assadeira e pressione-a delicadamente. Polvilhe o topo da massa com a outra colher (sopa) de fubá e faça furinhos em toda a massa com os dentes de um garfo.

Asse por 14 a 16 minutos, até o fundo da crosta e as extremidades ficarem dourados. Transfira para uma grade de resfriamento. A crosta pode ser assada até 8 horas antes e mantida descoberta em temperatura ambiente. Se necessário, reaqueça no forno a 110 °C por alguns minutos antes de montar as tortas.

Continua...

APERITIVOS 69

Torta alsaciana em três versões
(*páginas 69-73*)

Torta com alho-porrô derretido, gruyère e prosciutto

Rende 12 pedaços

Este trio lembra a tão adorada combinação francesa de alho-poró, queijo e bacon. Além disso, eu adoro dizer "alho-porrô derretido". Diga isso e tente não sorrir.

6 alhos-porós médios (1 kg a 1,2 kg)

2 colheres (sopa) de manteiga sem sal

2 colheres (sopa) de azeite de oliva extravirgem

½ colher (chá) de sal kosher (*ver nota da página 41*)

140 g de prosciutto (presunto de Parma) em fatias finas

Crosta de torta alsaciana (*página 69*) quente ou em temperatura ambiente

90 g de queijo gruyère ou emmental ralado grosseiramente

Folhas de tomilho fresco para salpicar

Preaqueça o forno a 180 °C, com as grelhas no nível do meio e no nível mais alto. Prepare duas assadeiras com papel-manteiga.

Apare e descarte as extremidades da raiz e o topo rijo dos alhos-porós. Corte as partes restantes ao meio e faça pedaços de 2,5 cm. Coloque os pedaços em uma tigela com água gelada e mexa bem, separando as camadas para tirar a sujeira. Retire o alho-poró da água e transfira para um escorredor. Seque em uma centrífuga de salada ou com um pano de prato.

Em uma frigideira grande ou uma panela de ferro, aqueça a manteiga e o azeite em fogo médio até a manteiga derreter. Acrescente o alho-poró e refogue por 25 a 30 minutos, mexendo de vez em quando e abaixando o fogo se o alho-poró começar a ficar marrom. Quando estiver bem amolecido, acrescente o sal e continue refogando por mais 10 a 15 minutos, mexendo às vezes, até o alho-poró ficar bem macio e "derretido". Desligue o fogo e reserve.

Disponha as fatias de prosciutto nas assadeiras, deixando um pouco de espaço entre elas. Asse por 12 a 15 minutos, até as fatias ficarem enrugadas e escuras, com as extremidades de gordura bem douradas. Fique de olho para não deixar que queimem. Coloque os chips de prosciutto sobre uma grade para resfriamento; eles vão ficar crocantes à medida que esfriarem.

Quebre os chips de prosciutto em pedaços de 2 cm a 5 cm e reserve. Ative a função grill do forno, com a grelha de 10 cm a 15 cm da fonte de calor.

Espalhe o alho-poró sobre a crosta assada. Salpique com o queijo. Grelhe a torta por 2 a 3 minutos, até o topo ficar borbulhando e dourado. Transfira para uma tábua grande. Corte em 12 pedaços, cubra com os chips de prosciutto, salpique o tomilho e sirva.

 Prosciutto fatiado e embalado tem a espessura perfeita para ficar crocante no forno. Retire com cuidado da embalagem para ir à assadeira sem rasgar.

Torta com abóbora e calda de missô

Rende 12 pedaços

Durante minha fase de garçom e gerente no restaurante Bond Street, em Nova York, fui apresentado à ideia de usar calda de missô com tudo, de abóboras a peixes. A abóbora cabotiá tem carne mais adocicada e textura mais seca que as de muitas outras variedades. Vale a pena conferir.

1 abóbora cabotiá, hokkaido ou manteiga grande (1 kg a 1,2 kg)

3 colheres (sopa) de azeite de oliva extravirgem

½ colher (chá) de sal kosher (*ver nota da página 41*)

3 colheres (sopa) de vinho branco seco frutado, como viognier ou chardonnay sem notas de carvalho

2 colheres (sopa) de mirin (saquê de cozinha)

2 colheres (sopa) de açúcar

1 colher (sopa) de missô branco

Pimenta-do-reino moída na hora

Crosta de torta alsaciana (*página 69*) **quente ou em temperatura ambiente**

2 colheres (sopa) de óleo de gergelim apimentado ou de óleo de gergelim tostado com pimenta calabresa a gosto

1 colher (chá) cheia de furikake (*ver a Dica*) **ou de grão de gergelim preto ou branco torrado**

3 colheres (sopa) de coentro picado grosseiramente

Preaqueça o forno a 230 °C, com as grelhas no nível do meio e no nível mais alto. Prepare duas assadeiras com papel-manteiga.

Corte a abóbora ao meio (não precisa descascar se você usar uma das variedades sugeridas) e retire as sementes. Coloque cada metade em uma tábua, com o lado cortado para baixo, e faça fatias de menos de 1 cm de espessura no sentido do comprimento.

Divida as fatias de abóbora entre as assadeiras. Regue com o azeite e salpique o sal. Misture delicadamente até cobri-las. Arrume as fatias com o lado cortado para baixo nas assadeiras. Leve ao forno por 10 minutos, até a abóbora ficar cozida, mas ainda firme. Na metade desse tempo, troque as assadeiras de grelha.

Enquanto isso, misture o vinho, o mirin e o açúcar em uma panela pequena até ferver em fogo médio, mexendo frequentemente para dissolver o açúcar. Reduza a ponto de fervura, acrescente o missô e misture vigorosamente. Deixe fervendo por mais 4 a 6 minutos, batendo de vez em quando até a calda ficar com consistência de xarope e reduzida ao equivalente a ¼ de xícara (chá). Desligue o fogo.

Pincele as fatias de abóbora com a calda de missô. Devolva ao forno e continue assando por mais 4 a 6 minutos, até a abóbora ficar macia, e a calda, borbulhando. Retire do forno e salpique a pimenta-do-reino. Deixe esfriar por 5 a 10 minutos.

Transfira a crosta assada para uma tábua grande. Regue com o óleo de gergelim picante. (Se estiver usando óleo de gergelim tostado, regue a crosta e depois salpique a pimenta calabresa a gosto.) Disponha a abóbora por cima (sobrepondo um pouco as fatias se necessário). Salpique o furikake ou as sementes de gergelim e o coentro. Corte em 12 pedaços e sirva.

 O furikake é um tempero de arroz japonês, geralmente feito de flocos de peixe desidratado, sementes de gergelim e nori seco, embora possa conter também outros temperos. Eu geralmente salpico um pouco em saladas, legumes e peixes.

VEGETARIANOS E GUARNIÇÕES

Salada Caesar de couve grelhada — 76	Couves-de-bruxelas com chips de prosciutto — 90	Ervilhas tenras com manteiga e hortelã — 102
Salada romana com ervilha-torta — 78	Repolho roxo com pera e cominho — 92	Purê de pastinaca e batata com manteiga e cebolinha — 103
Salada de pêssego grelhado com tomate e amêndoa — 81	Cenouras assadas com pesto das próprias folhas — 94	Batatinhas com manteiga e endro — 104
Salada do sul da Itália/invernos frios em Nova York — 82	"Arroz" de couve-flor com parmigiano — 96	Batata rústica com tempero de Montreal — 105
Salada de batata na gordura de pato com molho de mostarda — 84	Steaks de couve-flor com cúrcuma e amêndoa — 97	Palitos de batata-doce com chimichurri — 106
Fitas de cenoura com gengibre, salsinha e tâmara — 86	Milho de verão com chorizo e coentro — 100	Latkes à francesa com creme azedo de cebolinha — 109
Aspargos com ovos moles — 88		Lentilhas beluga picantes — 110

Salada Caesar de couve grelhada

Serve de 4 a 6

Nas viagens de família a Ottawa, meu tio Andy e sua família sempre nos recebiam com banquetes dignos de churrascaria. Meu prato preferido era sua salada Caesar, feita de alface-romana com um molho picante e salgado. Atualizei esse prato grelhando folhas inteiras de couve toscana e servindo-as regadas com a minha versão do molho do tio Andy, que faz sucesso na minha família. A pimenta-do-reino moída dá um toque especial. Crespas, as longas folhas da couve toscana ficam bem tostadas quando grelhadas.

DICA: O parmesão já ralado do supermercado, por mais que possa parecer sacrilégio aos mais esnobes com queijos, proporciona uma textura interessante nesta receita. Se você optar por um parmigiano reggiano inteiro, o mesmo efeito poderá ser obtido passando-o pelo lado com buraquinhos em forma de estrela do ralador de quatro faces.

MOLHO
1 dente de alho picado finamente

¾ de colher (chá) de sal kosher (ver nota da página 41)

4 filés de aliche picado grosseiramente

55 g de parmesão ou parmigiano reggiano ralado (ver a Dica)

2 gemas de ovos grandes

1 colher (chá) cheia de raspas bem finas de limão-siciliano

3 colheres (sopa) de suco de limão-siciliano

2 colheres (chá) de mostarda Dijon

1 colher (chá) de mel

1 colher (chá) de molho inglês

3 a 5 servidas de molho picante (tipo Tabasco)

½ xícara (chá) de azeite de oliva extravirgem

Pimenta-do-reino moída na hora

SALADA
2 maços de couve toscana (cerca de 450 g) de folhas inteiras, lavadas e secas, com as pontas fibrosas e grossas da extremidade aparadas

Sal kosher

Azeite de oliva extravirgem

Para o molho: junte o alho e o sal em uma tábua. Usando uma faca do chef, amasse o alho, pique-o e faça uma pasta com o sal. Na mesma tábua, pique finamente os filés de aliche e os acrescente à pasta.

Em um bowl, misture a pasta de alho e aliche, o parmesão, as gemas, as raspas e o suco de limão-siciliano, a mostarda Dijon, o mel, o molho inglês, o molho picante, o azeite e 1 ou 2 pitadas da pimenta-do-reino. Experimente para garantir que o molho esteja bem salgadinho e equilibrado. Você deve sentir um toque picante, a acidez do limão e uma leve nota adocicada do mel. Ajuste o tempero a gosto.

Para a salada: aqueça uma grelha ou uma frigideira de grelhar em fogo médio-alto. Em caso de grelha a carvão, a maioria dos carvões deve estar coberta com cinzas brancas e você tem que conseguir manter sua mão a uns 5 cm da grelha por no máximo 3 segundos.

Em uma tigela grande, salpique 1 pitada generosa de sal na couve e a quantidade de azeite necessária para cobri-la ligeiramente. Grelhe as folhas, em levas se necessário, virando uma só vez, até obter um bom aspecto de tostadas (cerca de 2 minutos para cada lado).

Disponha as folhas grelhadas em uma grande travessa, regando cada uma delas com o molho e fazendo camadas com as folhas se necessário. Sirva com garfo e faca – ou, melhor ainda, coma com as mãos.

VEGETARIANOS E GUARNIÇÕES

Salada romana com ervilha

Serve 4

Uma das minhas melhores descobertas em Roma foi uma salada servida somente nos meses de inverno e feita com puntarelle, uma variedade de chicória. A *nonna* do restaurante deixava a verdura picada de molho em água gelada para diminuir o amargor e as folhas ficarem mais frisadas. Faço a minha com chicória e, como eu amo ervilhas, acrescento a versão na vagem. Fatiar as vagens permite que o molho penetre as cavidades internas de cada uma. Quando não é época das ervilhas, prefiro não incluir. Esta salada simples é a essência da cozinha italiana, em que poucos ingredientes de boa qualidade compõem um prato incrível.

---

110 g de queijo pecorino romano

1 dente de alho pequeno picado finamente

¼ de colher (chá) de sal kosher (*ver nota da página 41*)

6 filés de aliche picados finamente

3 colheres (sopa) de azeite de oliva extravirgem

1 colher (sopa) de suco de limão-siciliano

220 g de folha de chicória com as pontas aparadas

150 g de ervilha na vagem, com o talo aparado, o fio removido e as vagens cortadas no comprimento

Pimenta-do-reino moída na hora

DICA Caso não consiga encontrar a chicória, vá de escarola rasgada ou até mesmo de alface-romana. Ainda que não tenha o sabor amargo, essa alface possui folhas firmes que se saem bem na receita.

Rale o suficiente de queijo para preencher ⅓ de 1 xícara (chá). Reserve.

Amasse o alho e o sal em uma tábua. Usando uma faca do chef, pique bem o alho e forme uma pasta com o sal. Na mesma tábua, pique bem fininhos os filés de aliche e os incorpore à pasta, picando mais um pouco.

Transfira a pasta de alho e aliche para uma tigela grande. Acrescente o queijo ralado e misture para incorporá-lo. Complete com o azeite e o suco de limão-siciliano. Acrescente a chicória e as vagens e misture para cobri-las com o molho.

Faça montinhos de salada em bowls. Tempere com pimenta-do-reino a gosto e, usando um descascador de legumes ou um fatiador de queijo, rale mais um pouco do pecorino por cima.

Salada de pêssego grelhado
+ TOMATE E AMÊNDOA

Serve 4

Um pêssego perfeito é pura poesia. Nesta salada, a doçura da fruta se mistura com o suco radiante e picante dos tomates, as ervas apetitosas, o azeite de oliva frutado e um leve toque de queijo. É o paraíso. Este prato é um ótimo acompanhamento para um belo steak ou uma refeição vegetariana de verão. Já o preparei com pêssegos amarelos, brancos, achatados e até mesmo com nectarinas, e com todos os tipos de tomate (vá de tomates crioulos sempre que puder). Utilize o que estiver mais maduro e com melhor aspecto na feira do dia, e escolha pêssegos e tomates de tamanho relativamente parecido, para obter uma apresentação ainda mais bonita.

---

1 colher (sopa) de azeite de oliva extravirgem, mais um pouco para grelhar

3 pêssegos brancos ou amarelos (cerca de 550 g) em fatias de quase 2 cm de espessura

¼ de xícara (chá) não muito cheia de folha de manjericão fresco

2 tomates médios (de qualquer cor ou variedade) em fatias de quase 2 cm de espessura

Sal marinho em flocos

1 colher (chá) de vinagre de champagne ou de vinho branco

60 g a 90 g de queijo parmigiano reggiano

¼ de xícara (chá) de amêndoa torrada e salgada, de preferência do tipo marcona, picada grosseiramente

DICA Os pêssegos devem estar maduros, porém firmes. Ao serem grelhados, eles soltam suco, mas devem manter ainda um pouco da suculência ao fim, para a combinação funcionar bem.

Aqueça uma grelha ou uma frigideira de grelhar em fogo médio-alto. Em caso de grelha a carvão, a maioria dos carvões deve estar coberta com cinzas brancas e você tem que conseguir manter sua mão a uns 5 cm da grelha por no máximo 3 segundos. Passe um pouquinho de azeite na grelha.

Grelhe os pêssegos no lado cortado por 1 a 2 minutos, até tostar bem, depois vire as fatias e grelhe por 1 minuto, até ficarem tostadas. Transfira para um prato e deixe chegar à temperatura ambiente.

Enquanto isso, empilhe as folhas de manjericão, enrole-as em sentido longitudinal e fatie finamente.

Disponha os pêssegos e os tomates em um prato de serviço, alternando-os no padrão de sua escolha (em círculos ou fileiras). Cubra com várias pitadas do sal e regue com o azeite e o vinagre. Rale o queijo por cima e, depois, salpique o manjericão e as amêndoas.

VEGETARIANOS E GUARNIÇÕES

Salada do sul da Itália / invernos frios em Nova York

Serve 4

No inverno, quando me dá vontade de alguma coisa fresca, faço esta salada de cítricos com erva-doce, que me lembra a Itália. Cortar a erva-doce em fatias tão finas quanto humanamente possível ameniza um pouco a intensidade do sabor de anis, oferecendo tiras mais delicadas – embora ainda crocantes – dessa delícia translúcida. Deixar os cítricos na geladeira torna a salada ainda mais refrescante.

---

2 colheres (sopa) de pistache sem casca e sem sal

2 colheres (sopa) de azeite de oliva extravirgem

Sal kosher (*ver nota da página 41*)

2 laranjas sanguíneas ou laranjas cara cara refrigeradas

1 toranja cor-de-rosa, de preferência pequena, refrigerada

1 laranja-lima refrigerada

1 bulbo de erva-doce de tamanho médio a grande, de preferência com os ramos, com os talos removidos e as folhas reservadas (opcional), o bulbo cortado ao meio no sentido do comprimento, sem o miolo e em fatias bem finas

Sal marinho em flocos

Pimenta-do-reino moída na hora

1 ½ colher (sopa) de suco de limão-siciliano

DICA

Eu gosto de usar frutas cítricas variadas porque adoro a diversidade de sabores – umas, mais adocicadas; outras, mais ácidas. (Fora as cores!) Mas você também pode utilizar uma única variedade de fruta cítrica, caso queira. A receita é flexível – compre o que mais gostar.

Preaqueça o forno a 180 °C, com a grelha no nível do meio.

Espalhe os pistaches em uma pequena assadeira (ou uma assadeira de torta) e toste-os por 4 a 5 minutos, até desprenderem os aromas. Tire-os do forno e imediatamente misture-os com ½ colher (chá) de azeite e 1 pitada generosa de sal. Transfira para uma travessa até esfriar e, então, pique-os grosseiramente.

Usando uma faca de descascar bem afiada, corte o topo e a base dos cítricos, expondo a polpa. Uma a uma, coloque as frutas em pé e corte a pele e a película branca, seguindo a curva da fruta de cima a baixo. Então, faça rodelas de todas elas com pouco mais de 0,5 cm. Separe uma rodela de sua preferência e corte em tiras pequenas, para decorar. Reserve essas tiras. Disponha as demais rodelas sobrepondo-as ligeiramente em uma travessa de servir.

Em um bowl, misture a erva-doce, 1 pitada generosa de sal, 1 pitada de pimenta-do-reino, 2 colheres (sopa) de azeite e disponha sobre os cítricos. Se você tiver as folhas de erva-doce, pique-as grosseiramente até obter 1 ou 2 colheres (sopa).

Regue a salada com o suco de limão-siciliano e cubra com os pistaches, as tiras reservadas, algumas boas pitadas de sal e as folhas de erva-doce, caso as esteja usando.

Salada de batata na gordura de pato

COM MOLHO DE MOSTARDA

Serve de 4 a 6

Esta salada rústica foi inspirada por uma receita de batatas assadas em gordura de pato do meu querido amigo e mentor Ted Allen. Costumo servi-la acompanhada de um iogurte aromatizado com limão-siciliano, para passar ou mergulhar (depende de como você vai apreciar: com um garfo ou com as mãos). Embora a salada fique boa em temperatura ambiente para jantares no verão, ela é incrível acompanhando o Salmão com pele crocante e molho de raiz-forte (*página 174*), o Frango com pimenta e xarope de bordo (*página 216*) e o Lombo com geleia de cebola ao bourbon e xarope de bordo (*página 228*).

DICA A gordura de pato é vendida em mercados gourmet e *on-line* e dura por até seis meses quando refrigerada, ou indefinidamente quando congelada. Eu gosto de congelar pequenas porções em forminhas de gelo, depois tirá-las das forminhas e mantê-las em um saco fechado no freezer. Assim, não preciso descongelar e tornar a congelar grandes quantidades.

BATATAS

900 g de batata de tamanho pequeno lavada e cortada ao meio no sentido do comprimento

2 colheres (sopa) de gordura de pato, em temperatura ambiente (ou azeite de oliva extravirgem)

Sal kosher (*ver nota da página 41*)

170 g de pancetta em cubos de 5 mm, ou de bacon cortado na transversal em pedaços de cerca de 1 cm

3 colheres (sopa) de estragão fresco picado grosseiramente

Pimenta-do-reino moída na hora

MOLHO

¼ de xícara (chá) de azeite de oliva extravirgem

1 colher (sopa) de vinagre de vinho tinto

2 colheres (chá) de mostarda l'ancienne

1 ¾ de colher (chá) de suco de limão-siciliano

1 ½ colher (chá) de mel

¼ de colher (chá) de sal kosher

¼ de colher (chá) de pimenta-do-reino moída grosseiramente

IOGURTE

1 ½ xícara (chá) de iogurte grego integral

2 colheres (chá) de raspas de limão-siciliano

1 ¼ de colher (chá) de suco de limão-siciliano

¼ de colher (chá) de sal kosher

⅛ de colher (chá) de pimenta-do-reino moída na hora

Para as batatas: preaqueça o forno a 220 °C, com a grelha no nível do meio.

Coloque as batatas em uma assadeira e misture-as com a gordura de pato (ou o azeite) e ½ colher (chá) de sal. Arrume as batatas com o lado cortado para a assadeira, deixando espaço entre elas para garantir um acabamento marrom e crocante. Asse por 25 a 30 minutos, até ficarem bem douradas.

Enquanto isso, leve uma frigideira com a pancetta ou o bacon ao fogo médio-alto, mexendo de vez em quando até ficarem dourados e crocantes por inteiro (de 8 a 12 minutos). Usando uma escumadeira, transfira para uma travessa forrada com papel-toalha, para que sequem.

Para o molho: em um bowl, misture todos os ingredientes até se homogeneizarem.

Para o iogurte: em outro bowl, misture todos os ingredientes.

Quando suas batatinhas estiverem bem crocantes, transfira-as para a tigela com o molho. Acrescente a pancetta e o estragão e misture para incorporar. Tempere com sal e pimenta a gosto.

Sirva o prato quente, morno ou em temperatura ambiente, com o iogurte ao lado ou com um pouco dele por cima.

Fitas de cenoura

com gengibre, salsinha + tâmara

Serve 4

Esta salada é uma evolução do petisco de viagem favorito do meu pai – palitos de cenoura com amêndoas torradas, suco de limão-siciliano e sal. Eu dei um *up* nela com gengibre fresco, muita salsinha e tâmaras (quase dá para sentir os antioxidantes operando!). Costumo fazer fitas de cenoura para que elas fiquem crocantes e onduladas depois de um mergulho em água gelada. Para um prato ainda mais bonito, experimente com cenouras de diferentes cores.

---

6 cenouras médias (cerca de 450 g), de preferência em cores variadas

2 colheres (sopa) de azeite de oliva extravirgem

2 colheres (sopa) de suco de limão-siciliano

1 colher (chá) de gengibre descascado e ralado

¾ de colher (chá) de mel

Sal kosher (*ver nota da página 41*)

⅓ de xícara (chá) de salsinha picada finamente

½ xícara (chá) de amêndoa torrada e salgada picada grosseiramente

6 tâmaras medjool grandes sem caroço e fatiadas finamente no sentido do comprimento

Usando um descascador de legumes, faça fatias longas e finas de cenoura, tomando cuidado com os dedos. Deixe de molho com os pedaços restantes de cenoura em uma tigela de água bem gelada até as fatias se enrolarem (cerca de 15 minutos). Escorra e seque com um pano.

Em uma saladeira grande, misture o azeite, o suco de limão-siciliano, o gengibre, o mel e ⅛ de colher (chá) de sal. Acrescente as cenouras, a salsinha, metade das amêndoas, metade das tâmaras e misture até ficarem bem incorporadas. Ajuste o sal.

Cubra a salada com o restante das amêndoas e das tâmaras e sirva.

DICA Eu gosto de descascadores em forma de Y por causa das lâminas superafiadas e do cabo prático de pegar. Para descascar o gengibre fresco de um jeito mais rápido e fácil, use a ponta de uma colherzinha e raspe a pele.

Aspargos com ovos moles

Serve de 4 a 6

Ovos e aspargos formam uma combinação tão icônica quanto a rainha e seus cães corgi. Nesta versão, o aspargo é assado e, depois, coberto com ovos moles batidos e pedaços crocantes de pancetta salgada e carnuda. Um pouco de vinagre dá brilho ao prato, equilibra a gordura e transforma os ovos em um molho incomum. Sirva com garfo e colher.

---

700 g de aspargo, de preferência de tamanho médio

1 ½ colher (sopa) de azeite de oliva extravirgem

1 colher (chá) de folha de tomilho fresco

Sal kosher (*ver nota da página 41*)

4 ovos grandes

115 g de pancetta em cubos de 0,8 cm

1 ½ colher (chá) de vinagre de vinho tinto

Pimenta-do-reino moída na hora

Preaqueça o forno a 220 °C, com a grelha no nível mais baixo.

Corte e descarte um pedaço de cerca de 2,5 cm da extremidade inferior dos aspargos. Em seguida, usando um descascador de legumes, descasque de 2,5 cm a 5 cm dessa ponta. Coloque os aspargos em uma assadeira e misture com o azeite, o tomilho e ⅛ de colher (chá) de sal. Espalhe os aspargos e asse por 12 a 15 minutos, até as pontas ficarem macias, mas ainda firmes.

Enquanto isso, encha uma panela média com 7,5 cm de água e leve ao fogo até ponto de fervura. Com uma escumadeira, mergulhe os ovos delicadamente na água, tomando cuidado para não os derrubar. Cozinhe os ovos por exatos 6 minutos e os transfira para uma tigela com água gelada, deixando esfriar por cerca de 5 minutos. Escorra, descasque-os cuidadosamente e coloque em uma tigela pequena.

Enquanto os ovos estiverem cozinhando, leve uma frigideira com a pancetta ao fogo médio e deixe que frite por 6 a 7 minutos, mexendo de vez em quando, até os pedaços ficarem dourados e terem soltado a maioria da gordura. Retire do fogo e reserve.

Usando um garfo, bata os ovos com o vinagre e um pouco menos de ½ colher (chá) de sal até se formar um molho ligeiramente espumoso.

Disponha os aspargos em uma travessa. Regue com a mistura de ovos e finalize com a pancetta crocante e 1 ou 2 pitadas generosas de pimenta-do-reino.

DICA

Muitos cozinheiros apenas cortam as pontas dos aspargos, o que remove as partes mais duras e fibrosas, mas, às vezes, leva junto um pouco da parte comestível. Um modo de desperdiçar menos é cortar e descartar cerca de 2,5 cm da ponta de cada aspargo e, depois, usar um descascador de legumes para tirar de 2,5 cm a 5 cm da pele das pontas recém-cortadas. Essa dica é especialmente importante para os casos de aspargos mais grossos.

Couves-de--bruxelas

COM CHIPS DE PROSCIUTTO

Serve 4

Couves-de-bruxelas são um dos meus vegetais favoritos, por isso já as provei de todos os jeitos. Em casa, sempre acabo optando pela simplicidade: tostadas do lado de fora e com uma consistência macia, mas firme, no meio. Os chips de prosciutto acrescentam um sabor umami deliciosamente defumado e encorpado.

---

90 g de prosciutto (presunto de Parma) picado finamente

700 g de couve-de-bruxelas

3 colheres (sopa) de manteiga sem sal

3 colheres (sopa) de azeite de oliva extravirgem

Sal kosher (*ver nota da página 41*)

2 colheres (chá) de raspas bem finas de limão-siciliano

2 colheres (sopa) de suco de limão-siciliano

Preaqueça o forno a 180 °C, com a grelha no nível do meio. Prepare uma assadeira com papel-manteiga.

Disponha as fatias de prosciutto na assadeira, deixando um pouco de espaço entre elas. Asse por 12 a 15 minutos, até elas encolherem e ficarem com um tom vermelho-escuro, com as extremidades de gordura douradas. Fique de olho nelas para evitar que queimem. Coloque os chips de prosciutto em uma grelha sobre a assadeira para esfriar. Eles vão ficar crocantes quando esfriarem.

Enquanto isso, corte as couves-de-bruxelas no sentido do comprimento até o meio na parte do talo. Faça um corte em forma de V na base de cada meia unidade. Tire e descarte as folhas externas mais danificadas.

Aqueça 1 colher (sopa) de manteiga e 1 colher (sopa) de azeite em uma frigideira grande, de preferência de ferro, em fogo médio-alto, até a espuma baixar. (A frigideira precisa estar superquente, por isso faça antes um teste com 1 folha de uma das couves-de-bruxelas para ver se ela fica crocante com o contato.) Coloque cerca de ⅓ das couves-de-bruxelas na frigideira, dispondo-as de modo que a maioria fique com a parte cortada para baixo, com um pouco de espaço entre elas. Reduza o fogo para médio e refogue até as partes de baixo ficarem bem douradas (cerca de 3 minutos). Vire os brotos, salpique 1 pitada de sal e continue refogando por mais 3 a 4 minutos, até ficarem dourados e macios. Usando uma escumadeira, transfira as couves-de-bruxelas para um prato de servir. Repita com o restante da manteiga, do azeite e dos brotos.

Desmanche os chips de prosciutto em pedaços pequenos e acrescente no prato com as couves-de-bruxelas. Adicione as raspas e o suco de limão-siciliano, misturando para incorporar. Tempere com sal a gosto. Sirva quente.

DICA

Fazer um corte em V na base de cada broto garante que eles cozinhem por igual e permaneçam com as folhas intactas.

VEGETARIANOS E GUARNIÇÕES

Serve de 4 a 6

Repolho roxo
COM PERA + COMINHO

O menino polonês que mora em mim deseja este clássico em noites frias de inverno. Refogar é uma técnica simples que concentra sabores ao usar fogo baixo, um pouco de líquido e uma panela tampada (total ou parcialmente). Peras são uma mudança bem-vinda no lugar da habitual maçã neste prato – adoro o modo como a pera, com sua textura áspera e seu sabor adocicado, dissolve-se pela metade e cozinha no vinagre e no suco do repolho. Um naco de manteiga no final do preparo acrescenta brilho e o toque perfeito de gordura (leia-se: aquele empurrãozinho no sabor), mas você pode pular essa parte se quiser. Este preparo é uma ótima guarnição para a Bisteca à moda da Kiki's Taverna (*página 225*) ou para a Kielbasa à polonesa (*página 199*). Mas eu geralmente o aprecio com vários acompanhamentos em um banquete vegetariano. *A imagem está na página 227.*

---

2 peras bosc ou williams

3 colheres (sopa) de azeite de oliva

1 repolho roxo grande (1 kg a 1,2 kg), cortado em quatro, sem o talo e fatiado transversalmente em tiras finas

2 folhas de louro

½ colher (chá) de semente de cominho

Sal kosher (*ver nota da página 41*)

¼ de xícara (chá) e 2 colheres (sopa) de vinagre de maçã

2 colheres (sopa) de mel

1 colher (sopa) de manteiga sem sal (opcional)

Pimenta-do-reino moída a gosto

DICA
Como todo prato refogado, este fica ainda melhor um ou dois dias depois de feito. Para aquecê-lo antes de servir, utilize uma panela tampada em fogo baixo, acrescentando 1 ou 2 colheres (sopa) de água.

Corte as peras em quatro e retire as sementes. Rale-as grosseiramente ou corte-as em pedaços de 0,5 cm.

Aqueça o azeite em uma panela de ferro grande ou em outra panela grande e pesada com tampa e em fogo médio. Acrescente as peras e, depois, o repolho, as folhas de louro, as sementes de cominho e ½ colher (chá) de sal e deixe cozinhar por cerca de 5 minutos, mexendo de vez em quando, até o repolho começar a murchar.

Acrescente ¼ de xícara (chá) de vinagre e 2 colheres (sopa) de água. Tampe a panela e deixe levantar fervura em fogo médio-alto, mexendo uma ou duas vezes até o repolho ficar macio, mas ainda firmes (cerca de 14 a 16 minutos).

Tire a panela do fogo e descarte as folhas de louro. Acrescente o mel, as 2 colheres (sopa) restantes de vinagre e a manteiga, se quiser. Tempere a gosto com sal e pimenta-do-reino. Sirva quente.

Cenouras assadas com pesto das próprias folhas

Serve de 4 a 6

Eu realmente amo cenouras e adoro descobrir usos para partes de um ingrediente que eu geralmente descartaria. A "descoberta" de fazer pesto com a rama (não sou a primeira pessoa a ter essa ideia) é um ótimo exemplo. O leve amargor das folhas forma um par perfeito para as adocicadas cenouras. Você também pode utilizá-las no lugar do tradicional manjericão ao fazer um pesto, seja para massas, seja para cobrir outros vegetais assados e itens grelhados (como salmão ou frango).

---

10 a 12 cenouras médias com a rama

1 ½ colher (chá) de vinagre de vinho tinto

1 ½ colher (sopa) e ⅓ de xícara (chá) de azeite de oliva extravirgem, além de outro tanto para regar

Sal kosher (*ver nota da página 41*)

3 colheres (sopa) de pinoli

1 dente de alho pequeno

60 g de queijo parmigiano reggiano ralado finamente

1 xícara (chá) cheia de iogurte grego integral

Pimenta-do-reino moída na hora

Preaqueça o forno a 220 °C, com as grelhas no nível do meio e no nível mais baixo.

Deixando cerca de 2,5 cm das ramas, corte o restante e reserve. (As pontinhas das ramas que ficam nas cenouras, que ficam crocantes ao assar, são incrivelmente deliciosas. Você vai me agradecer depois.) Lave as cenouras e seque-as (não descasque). Se suas cenouras tiverem mais do que 1,5 cm a 2 cm de diâmetro no topo, corte-as pela metade no sentido do comprimento.

Disponha as cenouras em uma assadeira. Regue com o vinagre, 1 ½ colher (sopa) de azeite e ½ colher (chá) de sal e chacoalhe para serem envolvidas pelos temperos. Disponha as cenouras em uma única camada e leve ao forno com a grelha no nível mais baixo até ficarem douradas e macias (de 25 a 30 minutos).

Enquanto isso, coloque os pinolis em uma assadeira pequena (ou em uma assadeira de torta). Coloque para tostar na grelha do nível médio do forno por 3 a 4 minutos, chacoalhando uma ou duas vezes, até ficarem ligeiramente dourados. Tire os pinolis do forno, coloque em um prato e deixe esfriar.

Separe o suficiente das folhas das cenouras para obter 2 xícaras (chá) cheias, lave-as e seque-as na centrífuga de salada.

VEGETARIANOS E GUARNIÇÕES

Em um processador de alimentos, bata o alho e os pinolis tostados até obter uma pasta espessa. Acrescente as folhas de cenoura, o parmigiano reggiano e ¼ de colher (chá) de sal e bata novamente para misturar, mexendo as laterais da tigela uma ou duas vezes. Enquanto estiver batendo, acrescente ⅓ de xícara (chá) de azeite aos poucos e constantemente. Gosto do meu pesto mais para espesso nesta receita, para depois regar o prato com mais azeite. Se você preferir um pesto mais fluido, acrescente mais 1 ou 2 colheres (sopa) de azeite.

Quando as cenouras estiverem prontas, espalhe ¼ de xícara (chá) do iogurte em uma travessa de servir. Empilhe as cenouras em cima. Coloque os ¾ restantes da xícara de iogurte e disponha o pesto com uma colher por cima. Regue com azeite e salpique a pimenta-do-reino.

VEGETARIANOS E GUARNIÇÕES

"Arroz" de couve-flor com parmigiano

Serve 4

Quando passada em um processador de alimentos, a couve-flor crua fica leve e fofinha – igual a um arroz ou um cuscuz, mas com menos carboidratos (daí sua popularidade). Eu acrescento parmesão e salsinha fresca para complementar o sabor adocicado e amendoado. Este é um prato para degustar como acompanhamento, misturado com massas ou saladas, ou em sanduíches de pão pita – ou, ainda, para "assaltar" direto da geladeira.

---

1 cabeça de couve-flor (700 g a 900 g) com a extremidade mais grossa do caule aparada

3 colheres (sopa) de azeite de oliva extravirgem

Sal kosher (ver nota da página 41)

90 g de queijo parmigiano reggiano ralado finamente

⅓ de xícara (chá) de salsinha picada finamente

½ colher (chá) de pimenta-do-reino moída na hora

Corte os buquês de couve-flor e as partes do caule macio em pedaços de 2,5 cm e coloque em um processador de alimentos (não encha a tigela do aparelho acima de ¾ da sua capacidade; faça em etapas se necessário). Bata até a couve-flor ficar bem picada, semelhante a grãos. Como alternativa, você pode usar um ralador de quatro faces para preparar o arroz de couve-flor.

Em uma frigideira grande, aqueça o azeite de oliva em fogo médio-alto. Acrescente a couve-flor, salpique ½ colher (sopa) de sal e refogue por 5 a 7 minutos, mexendo de vez em quando, até ficar macia, mas ainda com certa consistência. Salpique o queijo, a salsinha e a pimenta-do-reino, mexa para misturar e tire do fogo. Ajuste o tempero a gosto e sirva.

DICA Os pedacinhos de queijo obtidos quando você usa um ralador fino profissional derretem lindamente nesse "arroz". Mas, caso você não tenha esse utensílio, qualquer ralador fino faz o trabalho.

VEGETARIANOS E GUARNIÇÕES

Steaks de couve-flor com cúrcuma + amêndoa

Serve 2 ou 3

Um dia eu peguei uma cabeça de couve-flor no mercado sem nenhum plano em mente – apenas com a fé de que os itens da minha despensa trariam alguma inspiração. De fato, eles trouxeram! Primeiro, um pouco de gochujang – uma pasta de pimenta fermentada coreana de sabor agridoce. Amêndoas marcona, além do sabor característico, conferem textura. Tâmaras úmidas entram com sua doçura suntuosa e um quê de caramelo. Este prato é ótimo para degustar depois de um fim de semana de excessos. Sirva com arroz ou com seu grão favorito para fazer deste preparo uma refeição. *A imagem está nas páginas 98-99.*

COUVE-FLOR

1 cabeça de couve-flor (cerca de 700 g)

¼ de xícara (chá) de azeite de oliva

2 colheres (chá) de cúrcuma moída

¼ de colher (chá) de sal kosher (ver nota da página 41)

4 tâmaras medjool grandes descaroçadas e fatiadas finamente no sentido do comprimento

½ xícara (chá) de folha de coentro

3 colheres (sopa) de amêndoa torrada e salgada, de preferência do tipo marcona

MOLHO

3 colheres (sopa) de talo macio de coentro picado finamente

2 colheres (sopa) de gochujang ou de molho de pimenta Sriracha

2 colheres (sopa) de suco de limão

1 colher (sopa) de azeite de oliva extravirgem

1 colher (chá) de mel

1 pitada de sal kosher

Para a couve-flor: preaqueça o forno a 220 °C, com a grelha no nível do meio.

Tire e reserve as folhas verdes da couve-flor, caso haja. Depois apare e descarte a parte mais dura do cabo. Corte a couve-flor no sentido do comprimento, em duas ou três fatias de cerca de 2 cm de espessura, como se fossem bifes. O restante vai se desmanchar um pouco, mas não tem problema – o gosto vai ser ótimo do mesmo jeito.

Em um bowl pequeno, misture o azeite, a cúrcuma e o sal. Disponha os steaks de couve-flor e os pedaços soltos, além das eventuais folhas, em uma assadeira. Regue com a mistura de azeite e vire delicadamente os pedaços de couve-flor, para cobri-los. Asse por 25 a 30 minutos, até a couve-flor ficar dourada e macia, mas não molenga.

Enquanto isso, prepare o molho: em um pote com tampa ou em uma tigela média, bata vigorosamente ou misture todos os ingredientes.

Disponha a couve-flor assada em uma travessa e regue com o molho. Cubra com as tâmaras, as folhas de coentro e as amêndoas. Sirva quente.

Steaks de couve-flor com cúrcuma e amêndoa (*página 97*)

Milho de verão

COM CHORIZO + COENTRO

Serve 4

Poucos ingredientes e apenas 15 minutos – é tudo o que esta guarnição de verão precisa. Funciona com carne, peixe ou frango. Além disso, é ótima para rechear tacos. Gosto inclusive de apreciá-la sem mais nada. O segredo é não cozinhar demais o milho, para ele se manter consistente e suculento.

---

200 g de chorizo espanhol defumado em cubos

3 espigas de milho descascadas e debulhadas

½ xícara (chá) de folha e do talo macio de coentro picados grosseiramente

60 g de queijo parmigiano reggiano ralado finamente

2 colheres (chá) de raspas de limão

1 colher (sopa) e 2 colheres (chá) de suco de limão

Sal kosher (ver nota da página 41)

Aqueça uma frigideira grande em fogo médio até estar bem quente, mas sem fazer fumaça. Acrescente o chorizo e frite por cerca de 5 minutos, sem mexer, até ficar crocante na base. Depois, continue fritando, mexendo de tempos em tempos, até o chorizo estar crocante em toda a superfície (mais 5 minutos aproximadamente).

Acrescente o milho e refogue por 1 a 2 minutos, até aquecer e ficar cozido, mas ainda firme. Adicione o coentro, o queijo, as raspas e o suco de limão e 1 pitada de sal. Refogue por mais 1 minuto e tire do fogo. Ajuste o tempero a gosto. Sirva quente.

 O chorizo defumado é uma linguiça de porco espanhola (ou de estilo espanhol) com sabor intenso e robusto, temperada com páprica defumada (pimentón) e outros condimentos. É ótimo para cozinhar ou apenas fatiar e servir com queijos e outros embutidos.

Serve 4

Ervilhas tenras

com manteiga + hortelã

Se existe algo a destacar neste livro, é o meu amor por ervilhas congeladas. É algo que como sem moderação, cozidas no vapor e misturadas com atum em lata, azeite de oliva e suco de limão-siciliano para um lanche rápido em qualquer dia da semana. Acrescento-as em pratos de arroz, em muitas das minhas massas, em todo tipo de prato: estrogonofe, boeuf bourguignon, coq au vin, tagine, bolonhesa, molho de tomate... Coloco-as também em omeletes ou em ovos mexidos, para dar um toque de verde. Passo no processador para virar purê, ou amasso no garfo em uma tigela com um pouco de azeite de oliva extravirgem e sal, e como assim mesmo.

Se falta um acompanhamento vegetariano para uma refeição de domingo ou para um jantar com amigos, é só pegar a embalagem no congelador. Elas são um clássico das antigas, queridinhas da nova geração, supersaudáveis e nada caras! Aqui, aparecem em uma de suas variações mais simples e perfeitas: podem guarnecer qualquer prato ou serem apreciadas direto da frigideira. Minha introdução a este prato é mais longa do que o tempo que você leva para prepará-lo. De nada.

---

450 g de ervilha congelada

2 colheres (sopa) de manteiga com sal

10 folhas grandes de hortelã rasgadas

Sal marinho em flocos

Com as ervilhas ainda dentro da embalagem, passe-a suavemente debaixo d'água para desfazer as pelotas maiores. Transfira-as para uma frigideira grande, acrescente 3 colheres (sopa) de água e aqueça em fogo médio-alto, mexendo às vezes com uma espátula até que todas pelotas ainda congeladas se desfaçam (de 2 a 5 minutos).

Acrescente 1 colher (sopa) de manteiga e prossiga, mexendo ocasionalmente e experimentando uma ervilha de vez em quando; você quer que elas continuem cheinhas (sem rugas, por favor). Em cerca de 2 minutos, elas deverão estar macias e com um tom verde brilhante.

Coloque o restante de manteiga e a hortelã e misture. Finalize com o sal em flocos a gosto e sirva quente.

Serve 4

Purê de pastinaca e batata

COM MANTEIGA + CEBOLINHA

As pastinacas (ou chirivias), com seu caráter terroso e o sabor adocicado (e um tanto amendoado), lembram muito cenouras, mas em um tom mais creme. Cozidas com um pouco de batata, dão vida a um purê acetinado que acompanha muito bem as Vieiras com manteiga de cenoura e alcaparras (*página 208*), o Filé regado com manteiga (*página 224*) e os Pirulitos de cordeiro com crosta de macadâmia e agrodolce (*página 230*).

---

900 g de pastinaca, de preferência de tamanho pequeno a médio, descascada e cortada na transversal em pedaços de 5 cm

1 batata do tipo farinhenta (120 g) descascada e cortada em quatro

3 colheres (sopa) de manteiga sem sal

Sal kosher (*ver nota da página 41*) e pimenta-do-reino moída na hora

2 colheres (sopa) de cebolinha-francesa picada finamente, ou de salsinha, ou de uma mistura das duas (cheiro-verde)

DICA

Se você estiver em uma fase sem laticínios ou quiser um prato mais leve, use um azeite de oliva de boa qualidade no lugar da manteiga. Para um resultado mais rústico, amasse as pastinacas e a batata com um amassador de batatas ou com um garfo, em vez de processá-las.

Em uma panela média, misture as pastinacas, a batata e 2 xícaras (chá) de água. Leve a ponto de fervura, reduza a fogo médio-baixo, tampe e deixe cozinhar por 10 a 15 minutos, até estarem bem macias.

Com uma escumadeira, transfira os vegetais para um processador de alimentos, reservando o líquido em que foram cozidos. Acrescente 2 colheres (sopa) da manteiga, 1 pitada generosa de sal e outra de pimenta-do-reino. Adicione um pouco menos de ½ xícara (chá) do líquido do cozimento e bata até obter um purê macio. Ajuste o tempero a gosto e acrescente as ervas, deixando um pouco para salpicar por cima.

Transfira o purê para um prato de servir e alise-o em círculos com uma espátula de silicone. Coloque o restante de manteiga por cima e salpique as ervas reservadas. Sirva.

Serve 4

Batatinhas
com manteiga + endro

Este prato de batatinhas cremosas com suas delicadas cascas se rompendo, misturadas com manteiga e uma boa porção de endro, é muito mais do que a simples soma de seus elementos. Servido em temperatura ambiente, compõe uma ótima alternativa à salada de batata com maionese, com a vantagem de não haver a preocupação com a refrigeração. Acompanha bem o Salmão com pele crocante e molho de raiz-forte (*página 174*) ou o Filé regado com manteiga (*página 224*), a seu gosto.

---

450 g de batatinha (2,5 cm a 3 cm de diâmetro) lavada

2 a 3 colheres (sopa) de endro (dill) fresco picado grosseiramente

2 colheres (sopa) de manteiga com sal ou de manteiga acidificada em cubos

Sal marinho em flocos

DICA A manteiga com sal penetra melhor a casca das batatas cozidas do que a versão sem sal. A manteiga acidificada confere um caráter mais elegante ao prato. Seu teor de gordura, mais elevado, doa cremosidade e sabor às batatas.

Coloque as batatas em uma panela média, acrescente água fresca até cobri-las cerca de dois dedos e leve a ponto de fervura, abaixando o fogo depois disso. Cozinhe por 8 a 12 minutos, até conseguir furá-las facilmente com um garfo.

Despeje as batatinhas em um escorredor e, após escorridas, transfira para uma tigela grande. Acrescente metade do endro, metade da manteiga e 1 pitada do sal em flocos. Misture tudo até a manteiga derreter. Cubra com o restante da manteiga e do endro e tempere com mais sal a gosto.

Sirva as batatas ainda quentes ou em temperatura ambiente.

Batata rústica
com tempero de Montreal

Serve 4

Todo montrealense conhece o Montreal Steak Seasoning, mistura de especiarias que costuma incluir pimenta-do-reino, pimenta caiena, alho, páprica, coentro e endro. Foi uma surpresa feliz encontrar esse pequeno pedaço de casa em um mercado nos Estados Unidos. Tenho o prazer de lhe apresentar o Montreal Steak Seasoning: é ótimo para hambúrgueres, peixes, assados e, ainda, para a boca do copo do seu Bloody Mary. Também adoro esse sabor com as batatas rústicas desta receita. Prepará-las em uma assadeira preaquecida deixa as extremidades ultradouradas sem a necessidade de fritura.

700 g de batata do tipo farinhenta com casca cortada em em fatias de 1,5 cm de largura, estilo batatas rústicas

3 colheres (sopa) de azeite de oliva

1 colher (sopa) bem cheia de Montreal Steak Seasoning

Cebolinha-francesa picada finamente para decorar (opcional)

Preaqueça o forno a 220 °C, com a grelha no nível mais baixo.

Coloque uma assadeira (que não seja do tipo antiaderente) nessa grelha e aqueça por 10 minutos. Enquanto isso, em uma tigela grande, misture as batatas, o azeite e as especiarias.

Tire a assadeira do forno e acrescente imediatamente as batatas, raspando todo o azeite e as especiarias que ficarem na tigela. Espalhe as batatas em uma única camada, com a parte lisa para baixo. Asse por 35 a 40 minutos, até que a parte de baixo e as extremidades das fatias estejam douradas.

Usando uma espátula de metal, solte as batatas e dê uma chacoalhada na assadeira. Deixe assar por mais 5 minutos, para ficarem ainda mais douradas e crocantes.

Sirva as batatas quentes, salpicadas com a cebolinha-francesa, caso queira.

VEGETARIANOS E GUARNIÇÕES

Serve 4

Palitos de batata-doce
com chimichurri

Adoro os acidentes felizes que acontecem (geralmente, em momentos de puro desespero!) quando misturo alguns ingredientes aleatórios que tenho na geladeira ou na despensa e acabo com um novo prato incrível. Neste caso, eram umas sobras de batatas-doces assadas, um pouco de molho da carne do jantar da véspera e um tanto de parmesão. Agora, virou presença frequente na minha cozinha. Resposta argentina ao pesto, o chimichurri, bem picante e com um toque de alho, fica melhor do que ketchup nas crocantes batatas-doces em palitos. Prepare este prato para uma noite em família ou para um jantar intimista. É tão divertido de comer quanto de preparar. O chimichurri também é ótimo para regar frango assado, costela de porco grelhada e camarão.

CHIMICHURRI

½ xícara (chá) de salsinha picada finamente

¼ de xícara (chá) e 2 colheres (sopa) de azeite de oliva extravirgem

2 colheres (sopa) de chalota ou de cebola roxa picada finamente

2 colheres (sopa) de vinagre de vinho tinto

1 dente de alho pequeno picado finamente

½ colher (chá) de pimenta calabresa

¼ de colher (chá) de sal kosher (ver nota da página 41)

PALITOS DE BATATA-DOCE

1,3 kg de batata-doce (sem descascar – é saudável!)

¼ de xícara (chá) de azeite de oliva

½ colher (chá) de sal kosher

30 g de queijo parmesão ralado finamente (de preferência, parmigiano reggiano)

Pimenta-do-reino moída na hora

DICA Deixe o molho recém-feito em temperatura ambiente por pelo menos 15 minutos (e, no máximo, por 1 hora), para permitir que os sabores se incorporem.

Para o chimichurri: misture todos os ingredientes em um bowl. Deixe em temperatura ambiente para que o sabor do molho pegue bem enquanto você prepara as batatas-doces, ou por até de 1 hora.

Para os palitos de batata-doce: preaqueça o forno a 230 °C, com as grelhas no nível do meio e no nível mais alto. Aqueça duas assadeiras de 30 cm × 45 cm (que não sejam do tipo antiaderente) no forno por 10 minutos.

Enquanto isso, corte as batatas-doces em palitos com cerca de 1,5 cm de espessura e 5 cm a 10 cm de comprimento, dependendo do tamanho das suas batatas-doces. Em uma tigela grande, misture-as com o azeite e o sal.

Disponha as batatas-doces em uma única camada nas assadeiras quentes. Leve ao forno e deixem que assem por 20 a 22 minutos, até que fiquem douradas e bem cozidas. Na metade desse tempo, troque as assadeiras de grelha.

Salpique o parmesão e a pimenta-do-reino sobre as batatas-doces e regue com algumas colheres de sopa de chimichurri. Sirva com o restante do molho ao lado, para passar as batatas.

Latkes à francesa
com creme azedo de cebolinha

Rende cerca de 2 dúzias de latkes de 5 cm

Você não precisa ser judeu para adorar estes bolinhos crocantes de batata. Eu dou um toque francês aos meus acrescentando queijo gruyère ou comté e servindo com belas colheradas de creme azedo de cebolinha-francesa.

CREME AZEDO DE CEBOLINHA

220 g de sour cream (*ver nota da página 47*)

2 colheres (sopa) de cebolinha-francesa picada finamente, mais um pouco para salpicar

Raspas bem finas de ½ limão-siciliano

1 pitada de sal kosher (*ver nota da página 41*)

LATKES

900 g de batata do tipo farinhenta

1 cebola média do tipo doce ou amarela

110 g de queijo gruyère, comté ou emmental ralado grosseiramente

1 ovo grande batido

2 colheres (chá) de tomilho fresco picado

Sal kosher

½ colher (chá) de pimenta-do-reino moída na hora

Óleo neutro (por exemplo, de canola) para fritar

Para o creme azedo de cebolinha: misture todos os ingredientes em um pequeno bowl.

Para os latkes: preaqueça o forno a 90 °C. Forre uma travessa com papel-toalha.

Descasque as batatas e rale-as grosseiramente. Faça o mesmo com a cebola. Envolva-as em papel-toalha e aperte até tirar toda a água.

Em uma tigela grande, junte a batata, a cebola, o queijo, o ovo, o tomilho, ¾ de colher (chá) de sal e a pimenta-do-reino.

Em uma frigideira grande, aqueça bem um dedo de óleo em fogo médio-alto. (Você pode testar a temperatura com um pedacinho de batata antes de começar a fritar; quando o óleo estiver pronto, o pedaço de batata soltará um chiado e começará a borbulhar ao entrar em contato com a gordura.) Em levas, coloque cerca de 2 colheres (sopa) da mistura de batata na frigideira para cada latke, pressionando suavemente com uma espátula para achatá-la. Reduza para fogo médio e frite, virando uma vez até os latkes ficarem dourados e crocantes dos dois lados (cerca de 3 minutos por lado). Vá colocando na assadeira forrada com o papel-toalha, para secar, e depois tempere com sal. Coloque em uma assadeira e mantenha-os quentinhos no forno enquanto frita as levas restantes.

Sirva os latkes quentes com o creme azedo de cebolinha ao lado.

Serve 4

Lentilhas beluga picantes

Lentilhas cozinham rápido o bastante para fazê-las à noite durante a semana, são saudáveis, proporcionam saciedade e – o mais importante – têm sabor delicioso. As minhas favoritas são as do tipo beluga, chamadas assim graças ao tom preto brilhante e por causa de sua semelhança de formato com o caviar. (O nome também é todo elegante de dizer.) Este prato funciona com tudo e dura bem por vários dias. Desfrute-o como acompanhamento ou combine com couve refogada, salsichas em rodelas ou até mesmo um ovo frito de gema mole. Pense na preparação das refeições, pessoal!

DICA Você pode substituir as beluga por qualquer variedade de lentilha pequena que mantenha a forma quando cozida.

200 g de lentilha beluga lavada e escolhida

⅓ de xícara (chá) de salsinha picada finamente, mais 3 ramos folhudos

1 dente de alho amassado suavemente, mas não descascado

1 folha de louro

3 colheres (sopa) de azeite de oliva extravirgem

1 cenoura pequena em cubinhos

1 ramo de salsão em cubinhos

¼ de xícara (chá) de cebola em cubinhos

Sal kosher (*ver nota da página 41*)

Pimenta-do-reino moída na hora

3 colheres (sopa) de vinagre de maçã

1 colher (chá) de mostarda Dijon

Em uma panela média, junte as lentilhas, os ramos de salsinha, o alho e a folha de louro. Acrescente água para cobrir os grãos cerca de dois dedos e leve a ponto de fervura. Em seguida, abaixe o fogo e cozinhe as lentilhas em panela destampada por 18 a 20 minutos, até ficarem macias, mas firmes.

Enquanto isso, em uma frigideira média, aqueça 1 colher (sopa) de azeite de oliva em fogo médio. Acrescente a cenoura, o salsão e a cebola e refogue por 5 a 7 minutos, mexendo de vez em quando até os vegetais estarem macios, mas ainda firmes. Transfira para uma tigela grande e acrescente 1 pitada de sal e 1 de pimenta-do-reino. Reserve a frigideira.

Pouco antes de as lentilhas ficarem prontas, coloque o vinagre, o restante do azeite, a mostarda Dijon, ½ colher (chá) de sal e 1 pitada generosa de pimenta-do-reino na frigideira, aquecendo essa mistura em fogo baixo por 1 a 2 minutos, até estar morna ao toque (não deixe ferver). Retire do fogo.

Escorra as lentilhas. Descarte os ramos de salsinha, o alho e a folha de louro. Acrescente as lentilhas mornas, o vinagrete também morno e a salsinha picada à tigela de legumes e misture para incorporar. Ajuste o sal e a pimenta-do-reino a gosto. Sirva o prato morno ou em temperatura ambiente.

SOPAS E COZIDOS

Ramen bastardo **114**	Sopa de 5 cebolas com chalotas crocantes **122**	Fesenjan – Cozido de frango com romã e nozes **131**
Chlodnik – Sopa fria de beterraba com picles **117**	Zurek – A sopa polonesa antirressaca **124**	Boeuf bourguignon com pastinaca e conhaque **134**
Sopa de abóbora assada com gengibre e limão **120**	Chili de peru com cerveja preta e chocolate **129**	Ensopado polonês em novo estilo (bigos revisitado) **137**

Ramen bastardo

Serve 4

Não, esta não é a sopa que você encontra nas casas de ramen. Mas devo dizer que o sabor é bem bom! O missô e o molho de pimenta e alho dão aquele toque de umami. Os complementos podem ser misturados e combinados a seu gosto, dependendo do que estiver fresco e disponível no mercado. Como o caldo congela lindamente, às vezes faço várias levas de uma vez, para poder aproveitar meu ramen nas noites durante a semana.

BASE DA SOPA

3 dentes de alho picados

Sal kosher (*ver nota da página 41*)

1 colher (sopa) e 1 colher (chá) de óleo de gergelim torrado

220 g de carne de porco moída

2 cenouras médias cortadas à julienne ou raladas

4 cebolinhas picadas finamente (partes verde e branca separadas)

1 ½ colher (sopa) de gengibre ralado

2 colheres (chá) de molho chinês de pimenta e alho

8 xícaras (chá) de caldo de galinha com teor de sódio reduzido

PARA MONTAR/SERVIR

4 ovos grandes

450 g (fresco) ou 280 g (seco) de macarrão tipo ramen, soba ou udon

¼ de xícara (chá) de pasta de soja fermentada (missô)

2 colheres (sopa) de manteiga sem sal em pedaços

Óleo de gergelim torrado

Molho chinês de pimenta e alho

Complementos opcionais: 1 folha de nori, dividida em quatro e cortada em tiras; brotos de feijão; brotos de girassol; milho-verde descongelado; sementes de gergelim torradas e/ou coentro.

Para a base da sopa: faça um montinho de alho com ¼ de colher (chá) de sal em uma tábua. Usando uma faca do chef, amasse e pique os dois ingredientes juntos até obter uma pasta. Reserve.

Em uma panela de ferro grande ou outra panela larga e pesada, aqueça 1 colher (sopa) de óleo de gergelim em fogo médio. Acrescente a carne de porco e ½ colher (chá) de sal e refogue, mexendo frequentemente e desmanchando a carne com uma espátula ou uma colher, até que fique bem cozida (cerca de 2 minutos).

Continua...

DICA

O molho chinês de pimenta e alho é uma pasta bastante condimentada e ácida que vai bem com todo tipo de prato. O molho indonésio sambal oelek é parecido, mas sem o alho. O Sriracha consiste em uma versão mais líquida e ligeiramente mais doce. Na maioria das vezes, você pode substituir um pelo outro normalmente.

DICA

Ovos com um pouquinho de manteiga são o segredo da riqueza que torna essa refeição tão satisfatória!

Transfira a carne de porco para uma travessa. Acrescente a colher (chá) restante de óleo de gergelim na panela e, em seguida, adicione as cenouras, a parte branca das cebolinhas, metade da parte verde e ⅛ de colher (chá) de sal. Cozinhe em fogo médio por 2 a 3 minutos, misturando às vezes, até as cenouras ficarem macias.

Com uma espátula, leve os vegetais para as extremidades da panela, deixando um espaço no centro. Acrescente, nesse espaço, o gengibre, o molho chinês de pimenta e alho e a pasta de alho reservada. Espere 30 segundos, mexendo constantemente. Adicione a carne de porco com o suco que ela soltou e complete com ¼ de xícara (chá) do caldo. Raspe os queimadinhos do fundo da panela e, então, acrescente o restante do caldo. Aumente para fogo alto e deixe chegar em ponto de fervura, tirando a espuma que se forma no topo. Retire do fogo e ajuste o sal. (*Depois de esfriar, a base da sopa pode ser coberta e mantida no refrigerador por até três dias ou congelada por até três meses.*)

Para montar e servir: encha quatro tigelas de sopa com água fervente, para aquecê-las. Reserve-as. Coloque uma panela de água para ferver, para o macarrão.

Enquanto isso, leve ao fogo uma panela média de água até chegar a ponto de fervura. Coloque os ovos lentamente na água e cozinhe por 6 minutos. Com uma escumadeira, transfira os ovos para uma tigela com água gelada. Reserve.

Acrescente o macarrão na panela de água fervendo e cozinhe de acordo com as instruções da embalagem. Escorra e reserve.

Aqueça a base da sopa. Quando ferver, retire do fogo. Acrescente o missô e a manteiga e mexa até o que ele se dissolva completamente. Cubra para manter quente.

Descasque os ovos e corte-os ao meio. Escorra a água quente das tigelas de servir e divida o macarrão entre elas. Por cima, usando uma concha, derrame a sopa quente. Cubra com as metades de ovos, o restante da parte verde das cebolinhas, um fio de óleo de gergelim e os complementos de sua escolha, incluindo mais molho de pimenta e alho se quiser deixar mais picante.

Serve 4

Chlodnik
Sopa fria de beterraba
COM PICLES

Esta poderia ser considerada a versão polonesa do gazpacho. Em uma cozinha que não teme costelinha de porco frita, toicinho e batatas, esse frescor traz uma variação bem-vinda. O chlodnik, que significa "uma coisinha fria" ou "o mais fresco", tem um tom magenta impressionante, salpicado com os vegetais crocantes e os picles. Embora os picles possam parecer uma presença estranha em uma sopa, eles acrescentam um sabor alegre. O prato era um clássico de família na minha juventude, apreciado em muitas tardes de verão em Montreal. *A imagem está nas páginas 118-119.*

---

280 g de concentrado de borscht (*ver a Dica*)

4 xícaras (chá) de caldo de legumes com teor reduzido de sódio

220 g de sour cream (*ver nota da página 47*)

4 ovos grandes

¾ de xícara (chá) de pepino em cubinhos de 0,5 cm

Sal kosher (*ver nota da página 41*)

¾ de xícara (chá) de dill pickles (pepino em conserva temperado com endro) em cubinhos de 0,5 cm

½ xícara (chá) de endro (dill) fresco picado finamente

6 rabanetes pequenos ou 4 médios fatiados finamente

3 colheres (sopa) de cebolinha-francesa picada finamente

DICA O borscht consiste em um suco de beterraba concentrado com sal e temperos naturais. Insisto aqui para que você faça aquele esforço a mais para encontrá-lo, pois é supersaboroso. A sugestão é procurar no e-commerce.

Em uma tigela, bata o concentrado de borscht, o caldo e metade do creme azedo até ficar homogêneo. Acrescente ½ xícara (chá) de cubos de gelo e leve à geladeira por algumas horas, até ficar gelado. (*A base da sopa pode ser preparada com até três dias de antecedência e mantida coberta na geladeira.*)

Enquanto isso, encha uma panela média com água e leve a ponto de fervura. Usando uma escumadeira, coloque os ovos cuidadosamente na água, tomando cuidado para não os derrubar na panela. Cozinhe por exatamente 10 minutos e, então, transfira os ovos para uma tigela com água gelada e deixe que esfriem por cerca de 5 minutos. Escorra e leve à geladeira, cobertos, até o momento de servir a sopa. (*Esses ovos ainda com a casca podem ser mantidos na geladeira por até cinco dias.*)

Para montar a sopa: descasque os ovos e corte-os ao meio ou em quatro partes. Misture o pepino e ⅛ de colher (chá) de sal em uma tigela.

Separe os picles, os pepinos e metade do endro entre quatro bowls. Com uma concha, sirva a sopa em cada um deles. Coloque os ovos, os rabanetes, a cebolinha-francesa e o restante do endro e do creme azedo. Sirva imediatamente.

SOPAS E COZIDOS

Chlodnik – Sopa fria de beterraba com picles (*página 117*)

Sopa de abóbora assada

com gengibre + limão

Serve 4

Minha irmã do meio, Aleksandra, fez para mim um purê parecido com esta receita quando eu era uma criança manhosa que ainda se recusava a comer legumes. Assar a abóbora deixa-a caramelizada, e o suco de limão com o toque da pimenta dá aquela sacudida nos ânimos.

---

5 xícaras (chá) de abóbora manteiga em cubos de 1,5 cm, descascada e sem sementes (1 abóbora de 1 kg)

2 cenouras médias em pedaços de 0,5 cm

¼ de xícara (chá) de azeite de oliva extravirgem

Sal kosher (ver nota da página 41)

1 cebola média picada grosseiramente

2 colheres (sopa) de talo macio de coentro picado finamente (opcional)

2 colheres (sopa) de gengibre descascado e ralado

1 dente de alho picado finamente

1 colher (sopa) de raspas de limão

2 colheres (chá) de mel

4 xícaras (chá) de caldo de galinha ou de legumes com teor reduzido de sódio

2 1/2 colheres (sopa) de suco de limão

½ xícara (chá) de sour cream (ver nota da página 47)

½ xícara (chá) de castanha-de-caju torrada e salgada picada grosseiramente

Coentro picado grosseiramente para decorar (opcional)

Pimenta calabresa para salpicar (opcional)

Preaqueça o forno a 220 °C, com a grelha no nível do meio.

Coloque a abóbora e as cenouras em uma assadeira e regue com 2 colheres (sopa) de azeite de oliva e ¾ de colher (chá) de sal. Leve ao forno e deixe assar por 25 a 30 minutos, mexendo uma vez na metade do tempo, até os legumes ficarem ligeiramente dourados em alguns pontos. As cenouras devem estar macias, mas ainda consistentes. Retire do forno.

Em uma panela de ferro larga ou outra panela grande e pesada, aqueça o azeite de oliva restante em fogo médio. Coloque a cebola e os talos de coentro, caso esteja utilizando, e refogue por 10 a 12 minutos, mexendo de vez em quando até a cebola ficar dourada. Acrescente o gengibre, o alho, as raspas de limão, o mel e ¾ de colher (chá) de sal e misture por 1 minuto. Em seguida, acrescente os legumes assados.

Coloque um pouco do caldo e raspe o fundo da panela com uma espátula para soltar todos os queimadinhos. Acrescente o restante do caldo e 1 xícara (chá) de água, aumente para fogo alto e leve a ponto de fervura. Abaixe o fogo e cozinhe a sopa por 7 a 10 minutos, até os sabores incorporarem bem.

Trabalhando em levas, transforme a sopa em purê no liquidificador, até ficar bem cremosa. (*A sopa pode ser mantida na geladeira por até cinco dias. Se você estiver fazendo antecipadamente, espere para acrescentar o limão depois de reaquecê-la.*) Adicione o suco de limão e ajuste o sal.

Com uma concha, sirva a sopa em bowls. Complete com 2 colheres (sopa) de creme azedo em cada bowl. Salpique as castanhas-de-caju. Arremate com coentro, caso esteja usando, e 1 pitada de pimenta calabresa.

SOPAS E COZIDOS

Serve de 4 a 6

Sopa de 5 cebolas
com chalotas crocantes

Esta receita é inspirada em minha época de *junior high school*, na Virgínia Ocidental, quando minha família era sócia de um clube chamado Glade Springs. Depois de praticar tênis, eu ia ao restaurante do clube e pedia a sopa de cebola. Ela era bem encorpada, cremosa, divina. Um dia, um garçom me perguntou se eu gostaria de colocar o pedido na conta dos meus pais. Como bom adolescente esperto, respondi "Claro!". Durante um mês, degustei a sopa três vezes por semana, até que meu pai recebeu a cobrança nada bem-vinda. Mas, por este prato de cebolas assadas, caramelizadas e misturadas ao creme de leite, valeu a pena encarar a ira dele. Cebolas caramelizadas assadas com creme de leite fresco é a equivalência em sopa do meu espírito animal.

CHALOTAS CROCANTES

1 xícara (chá) de chalota fatiada finamente

½ xícara (chá) de óleo neutro (por exemplo, de canola)

Sal kosher (*ver nota da página 41*)

SOPA

2 cebolas doces médias picadas grosseiramente

1 cebola branca grande picada grosseiramente

1 cebola roxa pequena picada grosseiramente

1 colher (sopa) de azeite de oliva

Sal kosher

2 alhos-porós médios, cortados ao meio no sentido do comprimento e, depois, em semicírculos de 0,5 cm de espessura (somente as partes branca e verde-clara)

4 colheres (sopa) de manteiga sem sal

1 dente de alho

2 colheres (chá) de tomilho fresco picado grosseiramente, mais um pouco para decorar

¼ de xícara (chá) de conhaque

4 xícaras (chá) de caldo de carne com teor reduzido de sódio

¾ de xícara (chá) de vinho branco seco

1 xícara (chá) de creme de leite fresco

Pimenta-do-reino moída na hora

Usar cebolas variadas resulta em uma complexidade de sabores diferente de quando utilizamos um tipo só.

Para as chalotas crocantes: junte as chalotas e o óleo em uma frigideira pequena (que não seja antiaderente) e refogue em fogo médio-baixo por 18 a 22 minutos, misturando de vez em quando até ficarem com um tom marrom dourado. Preste bastante atenção no final do processo, porque elas escurecem rapidamente. Retire do fogo.

Usando uma escumadeira, transfira as chalotas para uma peneira fina colocada sobre uma tigela. Deixe escorrer por 5 a 10 minutos e, depois, transfira as chalotas para uma travessa com papel-toalha, tempere generosamente com sal e reserve (elas ficarão mais crocantes enquanto descansam).

Para a sopa: preaqueça o forno a 200 °C.

Coloque as cebolas doces, a cebola branca e a cebola roxa em uma grande assadeira e misture com o azeite e ¾ de colher (chá) de sal. Leve ao forno e asse por 14 a 16 minutos, misturando uma vez na metade do tempo, até que as cebolas fiquem macias e douradas.

Enquanto isso, lave bem e seque o alho-poró. Em uma panela grande, derreta a manteiga em fogo médio. Acrescente o alho-poró, o alho, o tomilho e ½ colher (chá) de sal e refogue por 12 a 15 minutos, mexendo de vez em quando até o alho-poró ficar macio (não o deixe dourar). Adicione o conhaque e cozinhe até a maior parte do líquido evaporar (cerca de 5 minutos). Retire a panela do fogo.

Em duas levas, junte as cebolas assadas, a mistura de alho-poró (deixe a panela ao lado) e 1 xícara (chá) do caldo em um liquidificador ou um processador de alimentos. Bata até a mistura ficar quase cremosa, com alguns pedaços generosos. Transfira para a panela e acrescente o vinho, ½ colher (chá) de sal e o restante do caldo. Leve a ponto de fervura em fogo médio-alto e adicione o creme de leite, deixando cozinhar apenas até começar a fervilhar em fogo baixo. Retire do fogo e ajuste o sal.

Sirva a sopa quente, coberta com as chalotas crocantes, folhas frescas de tomilho e pimenta-do-reino a gosto.

SOPAS E COZIDOS **123**

Zurek
A sopa polonesa antirressaca

Serve de 6 a 8

Esta sopa picante e reforçada já trouxe milhões de polacos de volta à vida depois de noites difíceis de más decisões (leia-se: vodca). Sua qualidade restauradora vem, ostensivamente, de uma mistura fermentada à base de centeio, o zakwas. Leva só alguns minutos para preparar o seu; basta acrescentar uns dias de antecedência ao seu plano de preparar a sopa, para deixar a fermentação acontecer. A combinação farta de legumes, kielbasa, picles, creme azedo e ovos cozidos faz da zurek uma verdadeira refeição.

ZAKWAS

½ xícara (chá) de farinha de centeio

2 dentes de alho picados finamente

1 folha de louro

SOPA

150 g de bacon em tirinhas de 0,5 cm de largura

2 cebolas médias picadas grosseiramente

1,2 kg de kielbasa (linguiça polonesa) ou de bratwurst (linguiça alemã) em rodelas de pouco mais de 1 cm de espessura

1 cenoura grande cortada ao meio no sentido do comprimento e, depois, cortada em fatias de 2 cm

1 pastinaca grande cortada em quatro no sentido do comprimento e, depois, em pedaços de 2 cm

1 aipo-rábano descascado em cubinhos de 1 cm

8 ramos de salsinha e mais um pouco finamente picada para decorar

3 folhas de louro

2 colheres (chá) de manjerona desidratada

⅛ de colher (chá) de pimenta-da-jamaica

Sal kosher (ver nota da página 41)

¼ de xícara (chá) de raiz-forte da versão já preparada e bem escorrida

¼ de colher (chá) de pimenta-do-reino branca moída na hora

PARA DECORAR

Sour cream (ver nota da página 47)

3 ou 4 ovos cozidos (para ½ ovo por porção – página 117), descascados e cortados ao meio

2 xícaras (chá) de dill pickles (pepino em conserva temperado com endro) picado grosseiramente

Endro (dill) fresco picado ou salsinha picada

Continua...

Para o zakwas: coloque 2 xícaras (chá) de água fervente em um pote de vidro. Deixe esfriar até que fique morna.

Acrescente a farinha, o alho e a folha de louro na água morna. Cubra ou feche o pote com filme plástico (use um ou dois elásticos para firmá-lo bem) e deixe em um lugar escuro, em temperatura ambiente (como um armário, por exemplo), por quatro a cinco dias. A cada dois dias, retire o filme plástico para deixar o ar sair e, depois, torne a cobrir o pote (isso vai impedir uma pequena explosão culinária). Como alternativa, você pode cobrir o pote com um pano de algodão bem fino (que deixe a mistura respirar) e prendê-lo com um elástico. Dessa forma, você não precisa fazer o processo de tirar o ar.

O zakwas estará pronto quando você sentir um aroma pungente e vir uma pequena "crosta" esponjosa na parte de cima e um líquido marrom acinzentado no fundo. Raspe qualquer parte verde ou mofada que tiver surgido (um sinal saudável do processo de fermentação; não é perigoso!) e descarte a folha de louro. Peneire o zakwas em uma tigela e descarte as partes sólidas. Você obterá cerca de 1 ½ xícara (chá) de líquido. Use o tanto que você tiver; a quantidade exata não é importante.

Para a sopa: em uma panela grande de ferro ou qualquer outra panela larga e pesada, frite o bacon em fogo médio-alto por 5 a 7 minutos, mexendo ocasionalmente até ficar dourado e crocante. Com uma escumadeira, transfira para uma tigela média. Acrescente as cebolas na panela e refogue por 12 a 14 minutos, mexendo de vez em quando até estarem macias e ligeiramente douradas. Transfira para a tigela com o bacon. Leve a linguiça para a panela e frite por 12 a 15 minutos, mexendo às vezes até ficar com um tom marrom dourado. Também coloque na tigela com o bacon e as cebolas. Escorra e descarte a gordura da panela.

Coloque a cenoura, a pastinaca, o aipo-rábano, os ramos de salsinha, as folhas de louro, a manjerona, a pimenta-da-jamaica, 1 colher (chá) de sal e 7 xícaras (chá) de água na panela, leve a ponto de fervura e cozinhe por 12 a 15 minutos, até os vegetais amolecerem um pouco.

Adicione o zakwas, a raiz-forte e a mistura de cebolas na panela, coloque a sopa novamente em ponto de fervura e cozinhe até os vegetais ficarem macios e o caldo, bem saboroso (de 10 a 12 minutos). Acrescente a pimenta-do-reino branca e ajuste o sal. Tire e descarte os ramos de salsinha e as folhas de louro.

Com uma concha, sirva a sopa em bowls e coloque em cada um 1 porção de creme azedo, ½ ovo cozido, o picles picadinho e um pouco de endro ou salsinha.

SOPAS E COZIDOS **127**

Chili de peru

com cerveja preta + chocolate

Serve de 6 a 8

Fiz esse prato tantas vezes para a minha melhor amiga, Reema Sampat, que ela já o considera seu. No dia em que descobri que chocolate e cerveja acrescentam uma profundidade rica e maltada aos sabores quentes e apimentados do chili, minha vida mudou, no sentido culinário. Trata-se de um preparo de uma panela só que é ótimo para festas. O chili também congela bem; você pode fazer várias receitas de uma vez e tê-lo sempre à mão.

- **150 g de bacon em tirinhas de 0,5 cm de largura**
- **900 g de carne de peru moída, de preferência carne escura**
- **Sal kosher** (*ver nota da página 41*)
- **2 colheres (sopa) de azeite de oliva**
- **2 cebolas médias picadas grosseiramente**
- **1 pimentão vermelho limpo, sem as sementes, em cubinhos**
- **3 colheres (sopa) de extrato de tomate**
- **5 dentes de alho picados finamente**
- **1 pimenta chipotle em molho adobo, sem as sementes e picada finamente, mais 2 colheres (sopa) do molho adobo**
- **2 colheres (chá) de orégano seco**
- **¾ de colher (chá) de cominho moído**
- **425 g de feijão-preto em lata, lavado e escorrido**
- **400 g de purê de tomate**
- **350 mL de cerveja preta (de preferência, Guinness)**
- **1 ½ xícara (chá) de caldo de galinha com baixo teor de sódio**
- **60 g de chocolate meio amargo picado grosseiramente**
- **2 colheres (sopa) de vinagre de maçã**
- **2 colheres (chá) de melaço ou açúcar mascavo**
- **Para servir: avocado fatiado, coentro picado, pimenta jalapenho, cheddar ralado, cebola branca em cubinhos, limão fatiado e/ou iogurte grego ou sour cream** (*ver nota da página 47*)

Em uma panela de ferro grande ou em outra panela grande e pesada com tampa, frite o bacon em fogo médio-alto, por 5 a 7 minutos, mexendo de vez em quando, até ficar dourado e crocante. Com uma escumadeira, transfira o bacon para uma tigela grande. Refogue a carne de peru no restante da gordura do bacon em fogo alto, por 5 minutos, mexendo e desmanchando a carne em pedaços pequenos com uma espátula ou uma colher, até estar bem cozida. Tempere com 1 ½ colher (chá) de sal e transfira a carne e seus sucos para a tigela com o bacon.

Continua...

SOPAS E COZIDOS

DICA Para guardar o restante das pimentas chipotle em molho adobo, faça pequenos montinhos com uma colher em uma assadeira forrada com papel-manteiga e congele até ficarem firmes (de 4 a 6 horas). Transfira para um saco de congelamento com fecho e deixe os montinhos congelados até a hora de usar. As pimentas chipotle podem sair direto do congelador para o preparo de um prato.

Aqueça o azeite na mesma panela em fogo médio-alto. Acrescente as cebolas e o pimentão e refogue por 8 minutos, mexendo de vez em quando até o pimentão ficar macio e as cebolas, além de macias, douradas. Adicione o extrato de tomate e o alho e refogue por 1 minuto, sempre mexendo. Acrescente a pimenta chipotle e o molho adobo, o orégano, o cominho e 2 colheres (chá) de sal. Cozinhe por 2 minutos, até os temperos desprenderem seus aromas, e acrescente o feijão, o purê de tomate, a cerveja, o caldo, o chocolate e a mistura de carne de peru. Leve a ponto de fervura e deixe cozinhar sem tampa por 1h15, mexendo de tempos em tempos até o chili ficar profundamente saboroso.

Tire a panela do fogo e acrescente o vinagre e o melaço (ou açúcar mascavo). Ajuste os temperos a gosto. Sirva quente com seus acompanhamentos favoritos.

Fesenjan
Cozido de frango
COM ROMÃ + NOZES

Serve de 4 a 6

Este sedutor cozido persa é um prato típico do feriado de solstício de inverno, o Shab-e Yalda, mas também combina com um jantar entre amigos ou qualquer outra ocasião. Adoro o jeito como as especiarias se unem ao melaço pungente de romã para produzir um molho rico e ácido. Nozes moídas acrescentam um aroma tostado e encorpam o prato. Geralmente faço fesenjan com frango, embora também seja comum preparar com pato. Para acompanhar, sirva Tahdig com batata, açafrão e cúrcuma (*página 154*) ou, simplesmente, um arroz bem quentinho.

---

100 g de pedaços de nozes

900 g de peito de frango desossado e sem pele, em cubos de 4 cm a 5 cm

Sal kosher (*ver nota da página 41*)

2 ½ colheres (sopa) de azeite de oliva

2 cebolas médias picadas finamente

1 colher (sopa) de extrato de tomate

2 colheres (chá) bem cheias de açúcar mascavo ou demerara

½ colher (chá) de cúrcuma moída

¼ de colher (chá) de canela moída

1 xícara (chá) de caldo de galinha com teor reduzido de sódio

1 xícara (chá) de suco de romã

½ xícara (chá) de melaço de romã

Sementes de romã para decorar (opcional)

Salsinha ou coentro picados para decorar (opcional)

Preaqueça o forno a 180 °C, com a grelha no nível do meio.

Espalhe as nozes em uma assadeira e leve ao forno por cerca de 8 minutos, até desprenderem os aromas e ficarem um pouco tostadas. Transfira para uma travessa e deixe esfriarem completamente. Em seguida, passe as nozes pelo processador de alimentos, para que fiquem picadas finamente (não faça uma pasta). Reserve.

Tempere o frango com 1 ½ colher (chá) de sal. Em uma panela de ferro grande ou em outra panela grande e pesada com tampa, aqueça o azeite em fogo médio-alto. Frite o frango em duas ou três levas (não encha a panela) por 5 a 7 minutos, até ficar levemente dourado em todos os lados. Vá transferindo os pedaços fritos para uma travessa. Reserve.

Continua...

DICA — O melaço de romã, obtido da redução do suco de romã, confere um toque picante frutado aos pratos. Também fica uma delícia com club soda ou outras variedades de água com borbulhas!

Coloque as cebolas na panela e refogue por 10 minutos, mexendo de vez em quando até ficarem macias e douradas. Com uma espátula, leve as cebolas para as extremidades da panela, para liberar espaço no centro. Acrescente o extrato de tomate, o açúcar mascavo (ou demerara), a cúrcuma e a canela no espaço aberto, mexendo rapidamente até a mistura ficar bem perfumada (cerca de 30 segundos). Adicione o frango com seus sucos e o caldo de galinha. Raspe os queimadinhos do fundo da panela, para aumentar o sabor. Acrescente o suco e o melaço de romã e as nozes. Aumente para fogo alto até o líquido ferver. Em seguida, abaixe o fogo. Tampe parcialmente a panela e deixe cozinhar por 20 a 25 minutos, até o molho ficar marrom-escuro e um pouco espesso.

Destampe a panela e continue cozinhando até o molho engrossar e escurecer mais (cerca de 10 minutos).

Retire do fogo e ajuste o tempero a gosto.

Sirva o cozido com sementes de romã e salsinha salpicadas, se desejar.

Boeuf bourguignon

com pastinaca + conhaque

Serve de 6 a 8

Tenho que agradecer à Julia Child por esta receita – via Meryl Streep, que a encarnou em *Julie & Julia*, e Amy Adams, que fez a famosa blogueira Julie Powell no mesmo filme. Elas me inspiraram a dominar esse cozido francês das antigas que é puro aconchego. Costumo misturar algumas pastinacas com as cenouras, porque gosto do sabor adocicado e terroso que elas trazem ao prato. Marinar a carne em vinho tinto na véspera (ou por pelo menos 8 horas) vale muito a pena, pois aprimora tanto o sabor da carne como as notas enriquecidas do vinho. Sirva com um purê de batatas bem amanteigado ou com uma baguete crocante para passar nesse molho mágico.

- 1,3 kg de acém desossado, em pedaços de 4 cm a 5 cm
- 1 cebola grande picada finamente
- 2 cenouras médias descascadas, em rodelas de 2 cm de espessura
- 2 pastinacas médias descascadas, em rodelas de 2 cm de espessura
- 3 dentes de alho suavemente amassados e descascados
- 10 ramos de tomilho fresco amarrados com barbante culinário
- 2 folhas de louro
- 750 mL de vinho tinto encorpado, como bordeaux ou pinot noir
- Sal kosher (*ver nota da página 41*)
- Pimenta-do-reino moída na hora
- 220 g de bacon, em tirinhas de 1 cm de largura
- ¼ de xícara (chá) de farinha de trigo
- ⅓ de xícara (chá) de conhaque

DICA

Antes de cortar o bacon, deixe-o no congelador por 10 a 15 minutos. Assim, fica mais fácil fazer as tirinhas.

Coloque a carne, a cebola, as cenouras, as pastinacas, o alho, o tomilho e as folhas de louro em uma tigela grande. Acrescente o vinho. Cubra e leve à geladeira por pelo menos 8 horas, ou de um dia para o outro.

Tire a carne da marinada e seque-a com papel-toalha. Usando uma escumadeira, transfira as cenouras e as pastinacas para uma tigela e reserve. Guarde a marinada e as ervas aromáticas.

Tempere a carne generosamente com sal e pimenta-do-reino. Em uma panela de ferro grande ou em outra panela grande e pesada com tampa, frite o bacon em fogo médio-alto por 8 a 10 minutos, mexendo de vez em quando até ficar crocante. Com a escumadeira, coloque o bacon sobre folhas de papel-toalha, para secar. Frite a carne na gordura quente do bacon por 7 a 9 minutos, em levas (não coloque carne demais de uma vez só), até todos os lados estarem levemente dourados. Transfira para uma tigela à medida que as levas ficarem prontas.

Devolva a carne e o bacon à panela. Polvilhe a farinha e deixe cozinhar em fogo médio, mexendo constantemente, por cerca de 3 minutos, até desfazer o sabor cru da farinha. Acrescente o conhaque e prossiga cozinhando, raspando os queimadinhos do fundo da panela com uma espátula até o líquido ter evaporado quase totalmente (cerca de 3 minutos). Adicione a marinada reservada, com as folhas de louro e o tomilho, e 2 xícaras (chá) de água e leve para ferver. Abaixe o fogo, tampe a panela e deixe a carne cozinhar por 2h30.

Acrescente as cenouras e as pastinacas reservadas e cozinhe por mais 30 a 45 minutos, até a carne ficar bem macia, e os legumes, também (mas estes ainda com certa consistência). Tire e descarte o tomilho e as folhas de louro e retire um pouco da gordura da superfície com uma escumadeira antes de servir. (*O cozido, que fica ainda melhor quando descansa, pode ser feito até três dias antes e mantido coberto na geladeira após ter esfriado. Ao ser refrigerado, a gordura vai para a superfície e se solidifica, o que facilita para retirá-la. Reaqueça em fogo baixo.*)

Serve de 6 a 8

Ensopado polonês em novo estilo
(BIGOS REVISITADO)

Diga um cozido de inverno mais icônico do que o bigos. Estou esperando...

Ok, tudo bem. A menos que você seja polonês, nunca ouviu falar a respeito. Mas isso está prestes a mudar. Todo mundo da minha família e todos os amigos do círculo social dos meus pais têm sua própria receita desse ensopado de carne, chucrute e repolho, e existem intermináveis discussões sobre qual a melhor mistura de ingredientes a incluir. A minha versão vai com ameixa seca, que acrescenta um tom adocicado, e vinho no lugar da tradicional cerveja, para dar um ar francês. (Em um mundo ideal, eu sugeriria deixar o cozido de um a três dias no refrigerador antes de consumi-lo, para os sabores pegarem bem.) Sirva com pão de centeio lambuzado em manteiga com sal fria, e eu garanto que você vai se sentir um pouquinho polonês.

DICA Kabanos é uma linguiça polonesa defumada e secada ao ar, geralmente temperada com pimenta-do-reino, alho, alcaravia e pimenta-da-jamaica. É usada tanto em refeições como em petiscos. Outra linguiça gourmet de carne de vaca ou de porco funciona bem para substituir, desde que não tenha outros sabores adicionados, como molho barbecue ou pimenta chipotle.

30 g de cogumelo porcini desidratado ou de outro cogumelo comestível

220 g de bacon em tirinhas de 1 cm de largura

450 g de kielbasa em rodelas de 0,5 cm de espessura

450 g de kabanos (ver a Dica) ou de outra linguiça suína defumada em rodelas de 2,5 cm de espessura, ou mais 250 g de kielbasa

450 g de lombo de porco desossado em cubos de 2,5 cm

1 cebola média picada grosseiramente

450 g de repolho verde (1 cabeça) cortado ao meio, sem o talo central, e cortado transversalmente em tiras de 2,5 cm de largura

Sal kosher (ver nota da página 41)

900 g de chucrute escorrido

3 folhas de louro

1 colher (sopa) de manjerona fresca picada finamente ou 1 ½ colher (chá) de manjerona desidratada

½ colher (chá) de pimenta-da-jamaica moída

4 xícaras (chá) de caldo de carne com teor reduzido de sódio

2 xícaras de vinho bordeaux ou de outro vinho tinto seco e frutado

¾ de xícara (chá) de ameixa seca sem caroço e cortada ao meio

Pão de centeio e manteiga sem sal para servir (opcional)

Em uma tigela pequena, misture os cogumelos desidratados e 2 xícaras de água quente. Reserve.

Continua...

SOPAS E COZIDOS 137

Em uma panela de ferro grande ou em outra panela grande e pesada com tampa, frite o bacon em fogo médio-alto por 5 minutos, até ficar dourado e crocante. Com uma escumadeira, transfira o bacon para uma assadeira grande. Coloque a kielbasa e o kabanos (ou a linguiça substituta) na mesma panela e repita o processo, mexendo de vez em quando até ficarem dourados e crocantes (cerca de 10 minutos). Transfira as linguiças para a assadeira com o bacon e, agora, faça o mesmo processo com o lombo de porco, mexendo de vez em quando até ficar bem cozido (aproximadamente 6 minutos). Também transfira a carne de porco para a assadeira com o bacon e as linguiças.

Coloque a cebola na gordura que ficou na panela e refogue em fogo médio-alto por 3 minutos, até estar cozida, mas ainda firme. Acrescente o repolho e cozinhe até os vegetais até ficarem macios (de 6 a 8 minutos).

Enquanto isso, tire os cogumelos da água e transfira para um prato. Reserve 1 xícara (chá) do líquido.

Coloque ½ colher (chá) de sal na mistura de repolho e, em seguida, adicione o chucrute. Com uma espátula, abra um espaço no meio da panela e nele acrescente as folhas de louro, a manjerona, a pimenta-da-jamaica, os cogumelos escorridos e a mistura de linguiças, deixando cozinhar por 2 minutos, até os aromas se desprenderem. Acrescente o caldo de carne, o vinho, as ameixas e o caldo reservado dos cogumelos, misturando bem. Abaixe o fogo e deixe cozinhar por cerca de 30 minutos com a panela tampada, mexendo de vez em quando e raspando as beiradas da panela com a espátula.

Destampe e continue cozinhando até o líquido reduzir um pouco e o cozido pegar bem os sabores (mais 45 minutos aproximadamente).

Retire e descarte as folhas de louro. Sirva quente, com o pão de centeio e a manteiga, se desejar.

MASSAS E ARROZ

Macarrão de forno
com queijo e peru   **142**

Macarrão com queijo,
ervas e ervilhas   **146**

Bucatini Cacio e Pepe   **147**

Salada de macarrão
com picles de uva   **148**

Massa com linguiça,
limão-siciliano e salsinha   **150**

Risoto de champagne
e limão-siciliano   **152**

Tahdig com batata,
açafrão e cúrcuma   **154**

Sartù di riso – Arroz de
forno com tomate,
manjericão e mozzarella **157**

Macarrão de forno com queijo e peru

Serve 8

Quando eu era pequeno e meus pais saíam, minhas irmãs ficavam encarregadas de fazer a comida. Não raro a gente se esbaldava com Mac & Cheese, o macarrão com queijo da Kraft, acrescentando um pouco de carne moída. Eu adorava a intensidade daquele molho de "queijo" alaranjado fluorescente e do macarrão em tubinhos coberto por ele. Na minha versão de forno, uma mistura de três queijos compõe um molho rico e complexo. Sempre acabo atacando os pedacinhos extracrocantes dos cantos da assadeira depois de terminar meu prato. (Acho que isso ainda desperta minha criança interior...) Uma porção de rúcula com suco de limão-siciliano e um bom azeite de oliva arremata esta refeição completa. *A imagem está nas páginas 144-145.*

DICA O queijo fontina é bom tanto para cozinhar como para apreciar cru, por causa do seu sabor rico e com toque de nozes, sem falar na textura supercremosa. O italiano, original, tem uma cor mais acentuada e é meu preferido para este prato.

AO FORNO

Sal kosher (ver nota da página 41)

150 g de cheddar envelhecido

150 g de queijo fontina ralado grosseiramente

150 g de queijo gruyère ou emmental ralado grosseiramente

1 colher (sopa) de azeite de oliva extravirgem

1 cebola pequena picada finamente

450 g de carne de peru moída, de preferência carne escura

Pimenta-do-reino moída na hora

¼ de xícara (chá) de salsinha picada finamente

450 g de massa tipo caracol

3 ¾ xícaras (chá) de leite integral

9 colheres (sopa) de manteiga sem sal, mais um pouco para untar

¼ de xícara (chá) e 2 colheres (sopa) de farinha de trigo

¼ de colher (chá) de pimenta caiena

⅛ de colher (chá) de noz-moscada ralada na hora

½ xícara (chá) de creme de leite fresco

¾ de xícara (chá) de farinha de rosca

SALADA

140 g de rúcula baby

2 colheres (sopa) de azeite de oliva extravirgem

1 colher (sopa) de suco de limão-siciliano

Sal kosher (ver nota da página 41)

Para a parte que vai ao forno: preaqueça o forno a 180 °C, com a grelha no nível do meio. Unte uma assadeira de 23 cm × 33 cm × 5 cm ou uma assadeira para gratinar com capacidade de cerca de 3 L.

Leve uma panela grande de água para ferver e coloque sal até ela ficar com gosto de mar (experimente). Em uma tigela média, misture cuidadosamente os três queijos e reserve.

142 PASTA E ARROZ

Em uma frigideira grande, aqueça o azeite em fogo médio-alto. Acrescente a cebola e refogue por 5 minutos, misturando de vez em quando até ficar translúcida. Adicione o peru e ¾ de colher (chá) de sal e continue a refogar, desmanchando a carne em pedacinhos com uma espátula ou uma colher até ficar bem cozida (de 4 a 5 minutos). Complete com ¼ de colher (chá) de pimenta-do-reino e 2 colheres (sopa) de salsinha. Tire a panela do fogo.

Coloque a massa na água fervente e cozinhe até 2 minutos a menos do que o tempo de cozimento recomendado na embalagem. Escorra a massa e reserve. Deixe a panela de lado.

Em uma panela pequena ou uma tigela refratária, aqueça o leite suavemente em fogo baixo ou em intervalos de 10 segundos (verifique na pele). Tire do fogo.

Acrescente 6 colheres (sopa) de manteiga na panela usada para o macarrão e derreta em fogo baixo. Adicione a farinha de trigo e cozinhe por cerca de 5 minutos, batendo frequentemente até a mistura ficar espumosa e borbulhante. Coloque a pimenta caiena, a noz-moscada, ¼ de colher (chá) de sal e ¾ de colher (chá) de pimenta-do-reino. Depois, junte ½ xícara (chá) do leite quente (a mistura pode ficar durinha); continue batendo até a mistura ficar bem lisa. Continue acrescentando ½ xícara (chá) de leite por vez e batendo constantemente, raspando as bordas da panela até que o leite seja incorporado e o molho fique espesso e homogêneo (de 3 a 4 minutos no total). Salpique 2 xícaras (chá) da mistura de queijo, mexendo conforme for acrescentando, e depois misture até o queijo derreter e o molho ficar uniforme (cerca de 1 minuto). Retire o molho do fogo e acrescente a massa e 1 colher (chá) de sal.

Salpique ½ xícara (chá) do queijo reservado na assadeira. Coloque cerca de metade da massa por cima, com a ajuda de uma colher. Cubra com a carne de peru e mais 1 xícara (chá) do queijo. Na sequência, cubra com o restante da massa e, em seguida, com o queijo restante. Derrame o creme de leite por cima.

Derreta as 3 colheres (sopa) restantes de manteiga em uma frigideira média em fogo também médio. Acrescente a farinha de rosca e salpique a mistura sobre a massa.

Leve ao forno e asse até o molho de queijo ficar borbulhando, e a crosta, dourada (de 40 a 45 minutos). Retire do forno e deixe descansar por 10 minutos.

Enquanto isso, faça a salada: em uma saladeira, misture a rúcula, o azeite, o suco de limão-siciliano e 1 ou 2 pitadas de sal.

Salpique salsinha no macarrão e sirva quente, com a salada de acompanhamento.

Macarrão de forno com queijo e peru
(*página 142*)

Serve de 4 a 6

Macarrão com queijo, ervas + ervilhas

Depois de um dia cheio, ou naqueles momentos em que decido ignorar meus esforços para ser saudável e consciente, o macarrão com queijo é a fonte perfeita para um coma alimentar dos mais prazerosos. Como não exige o preparo de um roux nem ser levada ao forno, esta é a versão escolhida quando o tempo é tão curto quanto minha paciência. Queijo de cabra picante e parmesão dão sabor ao molho cremoso, ao passo que ervilhas entram com a nota adocicada. Esta receita funciona maravilhosamente com massa do tipo orecchiette (orelhinha).

Sal kosher (ver nota da página 41)

450 g de massa do tipo orecchiette ou em forma de conchinhas

1 ½ xícara (chá) de ervilha congelada

140 g de queijo parmesão ralado, de preferência parmigiano reggiano, mais um pouco para servir

140 g de queijo de cabra macio em temperatura ambiente

½ xícara (chá) de creme de leite fresco

½ xícara (chá) de ervas frescas misturadas e picadas finamente, como manjericão, estragão, hortelã e/ou a parte verde da cebolinha

Pimenta-do-reino moída na hora

Leve uma panela grande de água para ferver e coloque sal até ela ficar com gosto de mar (experimente). Acrescente a massa e deixe cozinhar até mais ou menos 2 minutos antes de ficar al dente. Acrescente as ervilhas e deixe cozinhar por mais 1 ou 2 minutos. Com uma concha, retire ½ xícara (chá) da água do cozimento e reserve. Escorra a massa e as ervilhas.

Enquanto a massa estiver cozinhando, em uma tigela refratária grande misture o parmesão, o queijo de cabra, o creme de leite e ½ colher (chá) de sal até homogeneizar.

Acrescente na mistura de queijos ¼ de xícara (chá) da água do cozimento da massa reservada e, depois, adicione a massa e as ervilhas com cerca de metade das ervas. Misture para incorporar. Acrescente mais um pouco da água do cozimento caso o molho pareça seco.

Disponha a massa com uma colher nas tigelas de servir. Cubra com o restante das ervas, mais parmesão e pimenta-do-reino a gosto.

Bucatini Cacio e Pepe

Serve 2 ou 3

Queijo e pimenta. É basicamente esse o nome italiano desta massa – uma das melhores. A técnica aqui é tudo. O líquido do cozimento atua como um ingrediente-chave: o truque é deixá-lo com uma dose extra de amido, usando menos água do que você normalmente utiliza – isso ajuda a dar liga no molho. Misturar o queijo com um pouco desse líquido quente e encorpado antes de acrescentá-lo na panela também contribui para emulsificar o molho.

---

60 g de queijo pecorino romano ralado finamente, mais um pouco para servir

Sal kosher (*ver nota da página 41*)

220 g de massa tipo bucatini ou spaghetti

1 ¼ de colher (chá) de pimenta-do-reino moída grosseiramente, mais um pouco para servir

3 colheres (sopa) de azeite de oliva extravirgem

Separe duas ou três tigelas de servir. Coloque o queijo em uma tigela refratária perto do forno.

Encha uma panela larga ou uma frigideira funda com água até completar 7,5 cm. Leve para ferver e coloque sal até ela ficar com gosto de mar (experimente). Acrescente a massa e cozinhe até 2 minutos a menos do que o tempo indicado na embalagem, mexendo de vez em quando.

Enquanto isso, em uma frigideira grande, aqueça a pimenta-do-reino no azeite de oliva em fogo baixo por 1 a 2 minutos (até você ainda conseguir colocar a mão no azeite e a pimenta-do-reino estar bem perfumada). Tire a panela do fogo e reserve.

Cerca de 1 minuto antes de a massa ficar pronta, retire ¼ de xícara (chá) da água do cozimento com uma concha e despeje na tigela em que está o queijo, misturando até obter uma pasta grossa. Aqueça cada uma das tigelas de servir com cerca de ¼ de xícara (chá) da água do cozimento da massa ainda fervendo.

Retire mais ½ xícara (chá) de água do cozimento e reserve. Escorra a massa e transfira para a frigideira com o azeite e a pimenta. Misture em fogo baixo por cerca de 1 minuto, para envolver a massa com o azeite e secar o excesso de líquido. Tire a panela do fogo e acrescente ⅓ de xícara (chá) da água do cozimento na própria massa. Adicione a pasta de queijo, misturando bem. Acrescente mais um pouco da água do cozimento em colheradas, se necessário, até obter um molho cremoso que cubra cada fiozinho de massa.

Escorra a água das tigelas de servir, disponha a massa em cada uma delas e sirva imediatamente, cobrindo com mais um pouco de queijo.

DICA — A pimenta-do-reino é central neste prato; é por isso que você deve usar um moedor mais grosso e moer os grãos logo antes de preparar a massa. Se você não tiver um moedor de pimenta muito bom, coloque os grãos inteiros em uma tábua e use o fundo de uma frigideira pesada, fazendo um movimento de pressionar e rolar, para quebrá-los grosseiramente.

Serve de 4 a 6

Salada de macarrão
com picles de uva

Uma boa salada de macarrão oferece uma mistura de ingredientes destacados, como tomates frescos, azeitonas salgadinhas ou um molho com toques de limão – as notas mais altas –, e outros que ancoram o prato, como queijo, maionese ou um molho de iogurte – as notas mais baixas. Eu uso uma conserva rápida de uva, coentro e chalota com milho-doce, manjericão fresco e um queijo gouda defumado. O resultado é o equilíbrio ideal. E um bônus: este prato resiste bem até em piqueniques, churrascos e outras situações sociais com várias horas de duração.

Sal kosher (*ver nota da página 41*)

1 xícara (chá) de orzo ou risoni (massa em forma de arroz)

1 ½ colher (chá) de azeite de oliva extravirgem

¾ de xícara (chá) de vinagre de vinho tinto

⅓ de xícara (chá) de açúcar refinado

1 chalota grande picada finamente

1 colher (chá) de semente de coentro

2 xícaras (chá) de uva verde cortada ao meio, sem sementes e sem os cabinhos

2 xícaras (chá) de tomate-cereja, tomate-cereja amarelo ou sweet grape, ou de uma mistura deles, cortados ao meio

1 ½ xícara de milho-doce pronto para consumo

140 g de queijo gouda defumado em cubinhos de 0,5 cm

2 xícaras (chá) de manjericão fresco (rasgado se as folhas forem muito grandes)

Pimenta-do-reino moída na hora

Leve uma panela média com água para ferver e coloque sal até ela ficar com gosto de mar (experimente). Acrescente o orzo e cozinhe até ficar al dente; escorra. Transfira para uma tigela grande, misture com o azeite e reserve até esfriar. (*O orzo pode ser mantido na geladeira por um dia. Deixe chegar à temperatura ambiente antes de continuar o preparo.*)

Em uma panela pequena coloque o vinagre, o açúcar e ¼ de colher (chá) de sal para ferver, mexendo até dissolver o açúcar. Transfira para uma tigela, acrescente a chalota e as sementes de coentro e deixe esfriar (cerca de 20 minutos).

Acrescente as uvas na salmoura preparada. Deixe descansar por cerca de 20 minutos, mexendo uma ou duas vezes até o sabor da conserva pegar.

Escorra as uvas em conserva (descarte a salmoura) e acrescente na tigela com o orzo. Junte os tomates, o milho, o queijo e o manjericão e mexa com cuidado para incorporá-los. Tempere com sal e piment-do-reino a gosto. (*A salada, exceto o manjericão, pode ser mantida coberta na geladeira, até 8 horas antes. Deixe chegar à temperatura ambiente e misture o manjericão para servir.*)

Serve de 4 a 6

Massa
com linguiça, limão-siciliano + salsinha

Esta massa para as noites de semana pode também fazer as vezes de prato impressionante quando você recebe pessoas em casa. As sementes de erva-doce tostadas e maceradas realçam os sabores da linguiça italiana e conferem frescor. Frite bem a linguiça, para garantir casquinhas crocantes – fica uma delícia.

---

1 colher (chá) de semente de erva-doce

Sal kosher (ver nota da página 41)

450 g de conchiglioni, garganelli, campanelle ou outro tipo de massa pequena e tubular

1 colher (sopa) de azeite de oliva

450 g de linguiça italiana adocicada sem a pele

½ xícara (chá) de vinho branco meio seco, como pinot gris ou pinot grigio

1 colher (sopa) cheia de raspas de limão-siciliano

¼ de xícara (chá) de suco de limão-siciliano

3 colheres (sopa) de manteiga sem sal, fria e em pedacinhos

90 g de queijo parmesão ralado grosseiramente, de preferência parmigiano reggiano, mais um pouco para servir

¾ de xícara (chá) de salsinha picada grosseiramente

Pimenta-do-reino moída grosseiramente

Em uma frigideira pequena e sem óleo, toste as sementes de erva-doce em fogo médio-alto por 1 a 2 minutos, chacoalhando-a para a frente e para trás até as sementes desprenderem os aromas. Transfira para uma tábua e, quando esfriarem, amasse com um pilão ou com a base de uma panela pesada. Reserve.

Leve uma panela grande com água para ferver e coloque sal até ela ficar com gosto de mar (experimente). Acrescente a massa e cozinhe até faltarem mais ou menos 2 minutos para ela ficar al dente.

Enquanto isso, leve uma frigideira grande com o azeite ao fogo médio-alto até ficar bem quente, mas sem fazer fumaça. Frite a linguiça no azeite, desmanchando-a com uma espátula ou uma colher e deixando que fique bem torradinha em alguns pontos (cerca de 6 minutos). Acrescente o vinho e continue a mexer, raspando os queimadinhos que tiverem ficado no fundo da frigideira até cerca de metade do líquido evaporar (de 1 a 2 minutos). Adicione as raspas e o suco de limão-siciliano. Junte a manteiga, um pedacinho por vez, até derreter e incorporar bem, para formar um belo molho acetinado.

Com uma concha, retire ¾ de xícara (chá) da água do cozimento da massa e reserve. Escorra a massa e devolva à panela. Acrescente o queijo, ½ xícara (chá) da água do cozimento reservada, ½ colher (chá) de sal e as sementes de erva-doce. Misture tudo rapidamente para envolver a massa, colocando um mais pouco da água do cozimento se o prato ficar com aspecto de seco. Depois, incorpore a salsinha. Ajuste o tempero a gosto.

Sirva imediatamente, salpicado com pimenta-do-reino e mais um pouquinho do parmesão.

Risoto de champagne + limão-siciliano

Serve 4 (como prato principal) ou 6 (como entrada)

Risoto era o prato que eu mais fazia para receber os amigos na minha fase de estudante universitário quebrado em Montreal. Com pouca coisa mais do que um punhado de arroz arbóreo, caldo de galinha, parmesão e um ou dois outros ingredientes, eu tinha uma refeição caseira capaz de impressionar. Com o tempo, meus ingredientes a mais foram ficando um pouquinho mais luxuosos. É aí que entra este clássico, que fiz pela primeira vez inspirado por um espumante que tinha sobrado da festa da véspera. Champagne funciona bem, mas outros espumantes mais baratos, como cava ou prosecco, ou até qualquer vinho branco seco de qualidade também atuam perfeitamente. A refeição pode ficar ainda mais completa servindo este prato depois de algum aperitivo, como as Cenouras assadas com pesto das próprias folhas (*página 94*), ou como entrada – por exemplo, antes do Lombo com geleia de cebola ao bourbon e xarope de bordo (*página 228*) ou do Frango com pimenta e xarope de bordo (*página 216*).

Eu gosto de um risoto meio com cara de sopa, que os italianos chamam de *all'onda* (que significa, mais ou menos, "nas ondas"). Você saberá que chegou ao ponto quando a panela estiver com líquido apenas o necessário para o arroz cozido surfar nessas ondas, em uma consistência espessa e cremosa.

---

7 xícaras (chá) de caldo de galinha com teor reduzido de sódio

4 colheres (sopa) de manteiga sem sal

1 xícara (chá) de cebola picada finamente

Sal kosher (ver nota da página 41)

1 ½ xícara (chá) de arroz arbóreo ou carnaroli

1 ½ xícara de champagne ou outro espumante, ou de vinho branco seco

90 g de parmesão ralado finamente, de preferência parmigiano reggiano, mais um pouco para servir

1 colher (sopa) de raspas de limão-siciliano

1 ½ colher (sopa) de suco de limão-siciliano

Pimenta-do-reino moída na hora

Em uma panela média, leve o caldo a ponto de fervura em fogo médio. Reduza para fogo baixo.

Em uma panela grande e pesada, derreta a manteiga em fogo médio. Acrescente a cebola e ½ colher (chá) de sal e refogue por 8 a 10 minutos, mexendo frequentemente até a cebola ficar translúcida e macia, mas não dourada. Adicione o arroz e prossiga refogando, mexendo constantemente

DICA Uma espátula larga e achatada na ponta é meu utensílio favorito para preparar o risoto, pois ela permite mexer e virar o arroz ao mesmo tempo que raspa o fundo e as laterais da panela.

até ele ficar opaco (cerca de 4 minutos). Acrescente o espumante ou o vinho e aumente para fogo médio-alto, mexendo até a bebida evaporar.

Coloque ¾ de xícara (chá) do caldo quente e cozinhe, misturando bem, mas cuidadosamente, e raspando as bordas da panela (mexer com muita força pode quebrar os grãos, coisa que você quer evitar) até o caldo ser absorvido. Continue acrescentando o caldo sempre ¾ de xícara (chá) por vez, deixando que ele seja absorvido a cada vez antes de colocar mais. Em 16 a 18 minutos, o arroz deve ficar macio, mas ainda consistente e ligeiramente com aspecto de sopa. Pode sobrar um pouco de caldo.

Retire a panela do fogo. Acrescente o queijo, as raspas e o suco de limão-siciliano e misture até o queijo derreter. Tempere com sal e pimenta-do-reino a gosto.

Sirva colheradas de risoto e cubra com mais parmesão e pimenta-do-reino.

PASTA E ARROZ

Serve 6

Tahdig com batata,
açafrão + cúrcuma

Este aromático prato persa é assim chamado por causa da crosta dourada que se forma no fundo da panela conforme o arroz cozinha – é aquela parte que todo mundo quer pegar quando você serve. Minha versão contém batata e é salpicada com salsinha e cranberries desidratadas. É uma opção divertida para jantares com amigos e fica deliciosa com frango ou peixe assado, ou, ainda, com outros preparos vegetarianos. É também o par perfeito para o Fesenjan – Cozido de frango com romã e nozes (*página 131*). Leva um tempinho para cozinhar. E vale cada minuto.

---

2 xícaras (chá) de arroz basmati

Sal kosher (*ver nota da página 41*)

¼ de xícara (chá) de pistilo de açafrão

4 colheres (sopa) de manteiga sem sal

¾ de colher (chá) de cúrcuma moída

1 batata pequena do tipo farinhenta descascada e em rodelas de 2 mm de espessura

1 colher (sopa) de salsinha picada grosseiramente

1 colher (sopa) de cranberry desidratada picada grosseiramente

Sumagre para salpicar (opcional)

Coloque o arroz em uma tigela grande. Acrescente 1 colher (sopa) de sal e água fria até cobrir dois dedos e misture. Deixe descansar por 30 minutos. Escorra o arroz em um escorredor e lave com água fria corrente até ela sair limpa do outro lado.

Enquanto isso, em uma tigela grande, misture o açafrão com 1 colher (sopa) de água quente; reserve.

Coloque o arroz em uma panela grande. Acrescente 8 xícaras (chá) de água e 2 colheres (sopa) de sal e leve a ponto de fervura em fogo alto. Abaixe o fogo e deixe o arroz cozinhar destampado por 3 a 4 minutos, até ficar ligeiramente macio por fora. Escorra o arroz em uma peneira e lave com água fria e corrente. Chacoalhe bem para tirar o excesso de água. Reserve.

Corte um círculo de papel-manteiga para cobrir o fundo de uma panela de 25 cm de diâmetro ou de outra panela larga e pesada com tampa, como uma panela de ferro. Forre a panela com o círculo de papel-manteiga, coloque 2 colheres (sopa) de manteiga e derreta em fogo médio-baixo. Retire do fogo e acrescente a cúrcuma e ¼ de colher (chá) de sal. Disponha as batatas sobrepondo-as no fundo da panela.

Continua...

DICA O sumagre – as frutinhas secas e moídas de um arbusto do Oriente Médio – é uma especiaria maravilhosamente adstringente que costuma ser usada na culinária dessa região e dá um brilho com toques de limão em todo tipo de prato. (Experimente para temperar frango ou peixe, ou salpique um pouco por cima do homus.) Você consegue encontrar em armazéns especiais ou lojas *on-line*.

Acrescente o arroz e ¼ de colher (chá) de sal na tigela com a água do açafrão e misture cuidadosamente para incorporar. Coloque colheradas de arroz por cima das rodelas de batata (não pressione nem aperte demais) e, com um garfo, espalhe o arroz cuidadosamente, fazendo uma camada uniforme. Deixe a batata e o arroz cozinharem em fogo médio e destampado por cerca de 10 minutos, até se desprenderem os aromas. Envolva a tampa com um pano limpo e tampe bem a panela, dobrando o pano sobre as extremidades da panela. Reduza o fogo, deixando-o no nível mais baixo possível, e cozinhe sem mexer por 1h30 a 1h45, até as batatas estarem crocantes (você pode dar uma espiada erguendo a mistura em um ou dois cantos com uma colher grande de servir). Descubra e espalhe as 2 colheres (sopa) restantes de manteiga por cima do arroz.

Tire a panela do fogo. Desenforme em uma travessa e, então, retire e descarte o papel-manteiga. Salpique a salsinha, as cranberries e o sumagre (caso esteja usando). Sirva.

Sartù di riso

Arroz de forno com tomate, manjericão + mozzarella

Serve de 8 a 10

Eu estava encerrando uma sessão de esteira na academia quando, mudando de canal na TV, acabei parando em um programa da Food Network com a Giada De Laurentiis, que eu adoro, mostrando aquele sorrisão eletrizante enquanto explicava, com a tia dela, como fazer um tradicional sartù di riso. É um prato bem servido de arroz com queijo e um molho espesso de tomate e manjericão no centro, feito em fôrma de bolo com furo no meio – uma variação do maravilhoso tímpano de massa do filme *A grande noite*. Desde então, faço a minha versão tanto em datas comemorativas como em reuniões de amigos.

---

2 colheres (sopa) de azeite de oliva, mais um pouco para untar e regar

1 xícara (chá) de cebola picada finamente

1 xícara (chá) de cenoura picada finamente

1 talo de salsão picado finamente

2 dentes de alho picados finamente

4 folhas de louro

Sal kosher (*ver nota da página 41*)

1 colher (sopa) de extrato de tomate

2 latas (800 g) de tomate pelado, em seu próprio suco

1 maço pequeno de manjericão fresco, mais algumas folhas inteiras para decorar

90 g de parmesão ralado finamente, de preferência parmigiano reggiano, mais uma casca de parmesão, se você tiver uma, e mais queijo ralado para servir

2 ½ xícaras (chá) de arroz arbóreo

5 xícaras (chá) de caldo de galinha ou de legumes com baixo teor de sódio

2 ovos grandes, ligeiramente batidos

2 colheres (sopa) de manteiga sem sal e amolecida

1 xícara (chá) de farinha de rosca italiana

1 bolota (210 g) de mozzarella fresca

Aqueça o azeite em uma panela grande em fogo médio-alto. Acrescente a cebola, a cenoura e o salsão e refogue por 5 minutos, mexendo de vez em quando até a cebola ficar translúcida, mas não dourada. Adicione o alho, 2 das folhas de louro, 1 pitada de sal e o extrato de tomate. Cozinhe até o extrato começar a caramelizar (cerca de 2 minutos).

Continua...

PASTA E ARROZ

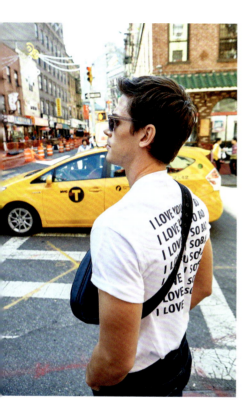

Acrescente os tomates pelados com o próprio suco, desmanchando-os com uma colher grande. Em seguida, mergulhe o maço de manjericão e a casca do parmesão (se estiver usando) no molho. Abaixe o fogo e cozinhe por aproximadamente 30 minutos, com a panela destampada, até o molho engrossar e os sabores se desenvolverem bem. Retire e descarte a casca de parmesão (caso tenha usado). Faça o mesmo com o manjericão e reserve o molho, deixando-o esfriar.

Enquanto isso, misture o arroz, o caldo e as 2 folhas restantes de louro em uma panela grande e aqueça em fogo alto. Quando começar a ferver, reduza o fogo para o caldo ficar fervilhando suavemente, tampe a panela e cozinhe o arroz por 15 minutos, sem mexer, até ficar al dente. Dê uma mexida no arroz, transfira para uma tigela grande e deixe esfriar até conseguir encostar a mão (de 10 a 15 minutos).

Aqueça o forno a 200 °C, com a grelha no nível do meio.

Coloque o parmesão ralado no arroz já frio. Ajuste o sal se necessário (ele deve ficar bem temperado) e acrescente os ovos, incorporando bem os ingredientes.

Unte generosamente uma fôrma de furo no meio com capacidade de cerca de 3 L, incluindo o centro, usando toda a manteiga. Acrescente ¾ de xícara (chá) da farinha de rosca e vá girando a fôrma, para cobri-la por inteiro. Com as mãos, forre o fundo e as laterais da fôrma, incluindo a parte do meio, com uma camada uniforme de arroz, utilizando cerca de ¾ do total e deixando 1,5 cm de espaço antes do topo da fôrma. Rasgue a mozzarella em pedacinhos e espalhe sobre a base de arroz. Reserve 1 xícara (chá) do molho de tomate e acrescente todo o restante na fôrma. Em seguida, cubra com o restante do arroz, alisando o topo com as costas de uma colher para selar as extremidades. Cubra com ¼ de xícara (chá) da farinha de rosca restante e pincele com o azeite (o que vai garantir uma boa crosta crocante).

Leve ao forno até o topo ficar com um tom marrom dourado e as extremidades, crocantes (de 30 a 35 minutos). Retire do forno e deixe sobre uma grade de resfriamento por 10 minutos. Enquanto isso, reaqueça delicadamente o restante do molho reservado.

Desenforme o arroz em uma travessa grande de servir. Preencha a cavidade central com o molho de tomate. Decore com folhas de manjericão e cubra com mais parmesão ralado e um fio de azeite. Corte em fatias e sirva imediatamente.

PASTA E ARROZ

NOITES SAUDÁVEIS

Café da manhã australiano em versão para o jantar **162**

Omelete francesa com queijo e cebolinha **164**

Masala de grão-de-bico **167**

Queijo quente para dias chuvosos com bisque de tomate **168**

Fava com atum em molho picante de tomate **171**

Tigela de farro com batata-doce, rúcula e frango **172**

Salmão com pele crocante e molho de raiz-forte **174**

Peixe-espada com polenta e tomate assado **176**

Tacos de peixe com maionese de chipotle **179**

Fajitas de frigideira com frango **184**

Frango à milanesa com salada de tomatinho **186**

Frango desfiado com coentro e limão **189**

Almôndegas de peru em molho aveludado **190**

Kafta de peru com homus e salada de pepino amassado **193**

Massa à bolonhesa marroquina **195**

Kielbasa à polonesa **199**

Bife do vazio com limão tostado, chili e ervas **200**

Serve 4

Café da manhã australiano
EM VERSÃO PARA O JANTAR

Este lanche de ovo pode se parecer com qualquer outro pão com ovo que se encontre por aí, mas ele tem algo especial que o torna extradelicioso e superaustraliano: Vegemite. Essa pasta marrom-escura de levedura, além de conferir aquele toque de umami, é repleta de nutrientes – "dá vitalidade", diz a embalagem, e muitos médicos concordam que é uma das fontes mais ricas do mundo em vitamina B e outras. Clássico nas torradas australianas, o Vegemite também encontra seu lugar em vários outros pratos. Suas notas salgadinhas, maltadas e com um leve ar de carne defumada equilibram a força do avocado e do ovo neste preparo, ao mesmo tempo que temperam o lanche com um sabor que é familiar (pelo aspecto salgado) e único (pela característica maltada). Rápido, fácil, saudável e bem substancioso, este lanche faz as vezes tanto de café da manhã quanto de jantar na minha casa.

---

2 colheres (sopa) de azeite de oliva

4 ovos grandes

4 fatias torradas de pão rústico

2 colheres (sopa) de manteiga sem sal amolecida

1 a 2 colheres (chá) de Vegemite (ou mais, para os entusiastas de plantão!)

1 avocado cortado ao meio, descascado, sem caroço e fatiado finamente

1 1/3 de xícara (chá) não muito cheia de microgreen (microverde) e brotos

1/2 colher (chá) de pimenta calabresa

Sal marinho em flocos ou sal kosher (ver nota da página 41)

Leve uma frigideira com o azeite de oliva ao fogo médio-alto até ficar quente, mas sem fazer fumaça. Um de cada vez, quebre os ovos na frigideira. Frite até o azeite começar a pipocar e borbulhar nas extremidades dos ovos (de 3 a 4 minutos). Reduza para fogo baixo e deixe fritar cerca de 1 1/2 minuto a mais, até as claras ficarem firmes e as extremidades, em um tom marrom dourado.

Enquanto isso, passe a manteiga e, depois, a Vegemite nas torradas, sem pesar a mão na Vegemite se você for novato. (Você vai se habituando e aumentando a dose aos poucos.) Cubra com o avocado e, em seguida, com os vegetais.

Complete com os ovos fritos ainda quentes e, com os dentes de um garfo, raspe as gemas só um pouquinho para elas começarem a escorrer. Salpique a pimenta calabresa e o sal. Sirva imediatamente.

DICA Marmite é a prima britânica da Vegemite, e, embora os britânicos e os australianos continuem discutindo quem é a verdadeira rainha, uma degustação lado a lado é a melhor maneira de avaliar sua favorita. Eu costumo optar pela Vegemite, mas você pode usar qualquer uma das duas aqui.

Serve 1

Omelete francesa
com queijo + cebolinha

Não sou desses que evitam uma boa omelete norte-americana, com os ovos bem-passados e as extremidades bronzeadas – do tipo que se encontra nos diners e brunches pelos Estados Unidos. Mas, no momento em que aprendi a preparar uma verdadeira omelete francesa – delicada e ligeiramente molhadinha, parecendo um travesseiro macio e quentinho –, descobri do que são feitas as omeletes dos sonhos. Este prato se transforma facilmente em uma refeição completa se servido com sua salada favorita. Seja cozinhando para você mesmo em uma noite de semana ou para impressionar seu *date* na manhã seguinte, é tão fácil de fazer quanto romântico.

Compre os melhores ovos que encontrar para fazer a omelete. As gemas devem ser tão ricas em cor (um tom laranja-escuro é o que você está procurando, não um amarelo) quanto em sabor. Você merece conhecer esse gosto.

DICA

Dizem que a omelete francesa é 10% ingredientes e 90% técnica. Se você não tiver êxito na primeira tentativa, *ne t'inquiète pas* (não se preocupe!), como se fala *en français*; você simplesmente obterá uma deliciosa panela de ovos mexidos. Quando dominar a técnica, poderá experimentar todo tipo de variação, acrescentando ingredientes como espinafre cozido, cogumelos crocantes e o que mais for.

---

2 ovos grandes

2 ½ colheres (sopa) de manteiga sem sal, de preferência de estilo europeu ou acidificada

Sal marinho em flocos ou sal kosher (ver nota da página 41)

30 g de queijo gruyère, cheddar envelhecido ou fontina ralado grosseiramente

Pimenta-do-reino moída na hora

1 colher (sopa) de cebolinha-francesa picada finamente

Bata os ovos em uma tigela média até a mistura ficar uniforme, tomando cuidado para não acrescentar muito ar. O segredo é combinar bem as gemas e as claras.

Aqueça 1 colher (sopa) de manteiga em uma frigideira antiaderente de 20 cm de diâmetro, em fogo médio-baixo, até a manteiga derreter e começar a espumar. Acrescente os ovos. Trabalhando rápido, faça suaves movimentos circulares com a frigideira no fogo, para manter os ovos em movimento e eles cozinharem por igual. Com a outra mão, vá misturando os ovos usando uma espátula de silicone, como se estivesse desenhando o número 8, criando pelotinhas e raspando a lateral da frigideira. Prossiga assim por 2 a 3 minutos, até os ovos estarem cozidos, mas ainda um pouco líquidos em cima.

Tire a frigideira do fogo e acrescente 1 pitada de sal na omelete (agora ela pode ser chamada assim!). Em seguida, salpique o queijo no meio dos ovos ainda moles. Chacoalhe delicadamente a frigideira para que a omelete escorregue para o lado oposto ao do cabo, subindo pela lateral.

A parte da omelete subindo pela lateral da frigideira deve dobrar sobre si mesma – use a espátula para dar uma mãozinha, caso precise. Coloque 1 colher (sopa) de manteiga por baixo da omelete ainda na frigideira (isso ajuda a mantê-la macia e delicada – além de conferir um sabor delicioso).

Com a espátula, enrole a omelete e deslize-a com o lado da junção para baixo em um prato de servir. Acrescente a ½ colher (sopa) restante de manteiga por cima e, em seguida, 1 pitada de sal e outra de pimenta-do-reino, além das cebolinhas. Sirva quente.

Masala de grão-de-bico

Serve de 4 a 6

Meu melhor amigo, Arjun, que morava duas casas ao lado quando eu era criança, tinha o luxo de contar com um chef pessoal, que preparava uma comida indiana deliciosa. Eu geralmente me infiltrava na casa dele na hora do jantar, logo depois da escola, antes de ir para a minha casa. Com apenas alguns itens básicos, você pode preparar uma saborosa tigela de grão-de-bico vinda daquela parte do mundo.

---

2 colheres (sopa) de azeite de oliva extravirgem

2 colheres (sopa) de manteiga sem sal

2 cebolas médias picadas finamente

4 dentes de alho picados finamente

2 colheres (sopa) de gengibre picado finamente

1 ½ colher (chá) de coentro moído

1 ¼ colher (chá) de cominho moído

½ colher (chá) de cúrcuma moída

⅛ de colher (chá) de pimenta caiena

Sal kosher (*ver nota da página 41*)

2 latas (800 g) de tomate pelado, em seu próprio suco

450 g de grão-de-bico comprado pronto lavado e escorrido

⅓ de xícara (chá) de damasco seco picado finamente

PARA SERVIR

½ xícara (chá) de folha e do talo macio de coentro picados finamente

½ xícara (chá) de cebola roxa picada finamente

Limão cortado em quatro

Iogurte integral (opcional)

Arroz basmati ou jasmim cozido (opcional)

Aqueça o azeite de oliva e a manteiga em uma panela de ferro ou outra panela grande e pesada em fogo médio-baixo até a manteiga derreter. Acrescente as cebolas, os dentes de alho e o gengibre e refogue por aproximadamente 5 minutos, mexendo de vez em quando até as cebolas ficarem macias. Adicione as especiarias e 1 colher (chá) de sal.

Acrescente os tomates com o suco e ½ xícara (chá) de água. Com uma colher grande, desmanche os tomates. Adicione o grão-de-bico e use também a colher para amassar ¼ dos grãos. Coloque os damascos, aumente o fogo e leve a ponto de fervura. Reduza o fogo e deixe fervilhar, mexendo às vezes até engrossar um pouco (de 18 a 22 minutos). Ajuste o sal e tire do fogo.

Sirva quente, com as folhas de coentro e a cebola roxa salpicadas e os pedaços de limão ao lado. Se quiser, complete com 1 colherada de iogurte e sirva com o arroz.

DICA Damascos secos, apesar de não serem típicos nesse preparo, acrescentam um bem-vindo toque adocicado e penetrante.

NOITES SAUDÁVEIS 167

Queijo quente para dias chuvosos
com bisque de tomate

Serve 4

Essa combinação das antigas já transformou muitos dos meus dias longos de trabalho em puro êxtase à primeira mordida. Acrescentar prosciutto no sanduíche e um pouquinho de sumagre na sopa é o meu jeito de elevar esse clássico (dá para usar raspas de limão-siciliano na falta do sumagre). Se você for bom de planejamento, a sopa pode ser feita com antecedência. Depois é só aquecer e contar mais 10 minutinhos para preparar os sanduíches.

BISQUE

2 colheres (sopa) de azeite de oliva extravirgem

1 cebola média picada grosseiramente

Sal kosher (*ver nota da página 41*)

4 dentes de alho picados finamente

2 latas (800 g) de tomate pelado, em seu próprio suco

3 xícaras (chá) de caldo de galinha com teor reduzido de sódio

¼ de xícara (chá) de creme de leite fresco

½ colher (chá) de sumagre ou de raspas de limão-siciliano

1 xícara (chá) de manjericão fresco (rasgado se as folhas forem muito grandes)

Pimenta-do-reino moída na hora

QUEIJO QUENTE

¼ de xícara (chá) e 2 colheres (sopa) de maionese

8 fatias de 2 cm de espessura de pão tipo brioche ou de chalá

120 g de queijo cheddar extraenvelhecido ralado

4 fatias de prosciutto (presunto de Parma)

4 colheres (sopa) de manteiga sem sal

DICA Deixe o queijo na geladeira até a hora de ralar. Isso funciona especialmente bem para queijos como o cheddar, que fica meio pastoso e se torna mais difícil de passar no ralador em temperatura ambiente.

Para a bisque: em uma panela média, aqueça o azeite de oliva em fogo médio. Acrescente as cebolas e 1 colher (chá) de sal e refogue por 5 a 7 minutos, mexendo de vez em quando até ficarem translúcidas. Adicione o alho e refogue por mais 1 minuto. Coloque os tomates com o suco. Usando uma colher, desmanche os tomates. Acrescente o caldo e 1 colher (chá) de sal, aumente para fogo alto e leve a ponto de fervura. Abaixe o fogo e cozinhe por mais 10 minutos, mexendo uma ou duas vezes no meio do caminho. Tire a panela do fogo.

Com um mixer ou um liquidificador, bata a sopa até virar um purê cremoso e homogêneo (faça em levas se necessário). Leve a sopa para a panela que você usou e acrescente o creme de leite e o sumagre (ou as raspas de limão-siciliano). Ajuste o tempero a gosto. Tampe para mantê-la quente.

Continua...

Para o queijo quente: espalhe a maionese em um dos lados de cada fatia de pão. (Isso confere sabor ao sanduíche e dá liga ao queijo.) Salpique metade do queijo sobre 4 fatias. Coloque 1 fatia de prosciutto em cada fatia já com o queijo e cubra com o queijo restante. Cubra com as fatias de pão restantes, com o lado da maionese virado para baixo.

Em uma frigideira grande, derreta 2 colheres (sopa) de manteiga em fogo médio. Acrescente 2 dos sanduíches. Pressione-os cuidadosamente com a tampa de uma frigideira um pouco menor ou com uma espátula grande de metal, para ajudar a dourar e deixar o queijo macio e derretendo. Vire quando a parte de baixo estiver dourada (de 2 a 3 minutos) e faça o mesmo com o outro lado (mais 2 ou 3 minutos). Transfira os sanduíches grelhados para uma grade de resfriamento e repita com o restante da manteiga e os outros sanduíches.

Corte os sanduíches ao meio na diagonal, porque esse é o único jeito de cortar o sanduíche e não aceito ouvir outra coisa. Sirva com a bisque de tomate, que você acabou de decorar com manjericão fresco e pimenta-do-reino, se desejado. Não se esqueça de molhar o sanduíche na sopa!

BEING YOURSELF,
ANIMALS,
CALLING YOUR MOTHER,
RANDOM ACTS OF KINDNESS,
DREAMING,
BELIEVING IN SOMETHING,
RECYCLING,
BEAUTY SLEEP,
NO PHONES AT THE TABLE,
WORKING HARD,
SAVING THE PLANET,
BEING NICE TO PEOPLE

Fava com atum

EM MOLHO PICANTE DE TOMATE

Serve 2 (como prato principal) ou de 4 a 6 (como aperitivo)

Este prato é daqueles que se encaixam em qualquer situação. É rápido, precisa de uma só panela, usa ingredientes fáceis e satisfaz. Sirva no almoço ou em um jantar leve, ou, ainda, como aperitivo, acompanhado de bolachas. Você pode também fazer sem o atum para incluir como parte de um aperitivo. Favas estão entre as minhas leguminosas preferidas – delicadas, cremosas e de tamanho desproporcional, elas ficam ótimas no molho de tomate. Se puder, use as folhas de salsão: elas despertam todos os sabores.

¼ de xícara (chá) e 2 colheres (sopa) de extrato de tomate

⅓ de xícara (chá) de azeite de oliva extravirgem, mais um pouco para regar

2 colheres (sopa) de endro (dill) fresco picado finamente

1 colher (sopa) bem cheia de orégano fresco picado finamente ou ½ colher (chá) de orégano seco

1 colher (sopa) de suco de limão-siciliano

2 colheres (chá) de mel

450 g de fava comprada pronta lavada e escorrida

140 g de atum em óleo escorrido

Sal marinho em flocos ou sal kosher (*ver nota da página 41*)

Pimenta-do-reino moída na hora

½ xícara (chá) de folha de salsão (opcional)

Bolachas para servir (opcional)

DICA Esta receita fica pronta muito rápido, por isso verifique se você tem todos os ingredientes à mão antes de começar a preparar.

Em uma frigideira pequena, misture o extrato de tomate e o azeite de oliva e aqueça em fogo médio, mexendo constantemente até o azeite borbulhar e o extrato começar a se desmanchar (de 1 a 2 minutos). Acrescente o endro, o orégano, o suco de limão-siciliano e o mel, abaixe para fogo médio-baixo e refogue por 3 a 5 minutos, misturando constantemente até os sabores se incorporarem. (O azeite vai ficar ligeiramente separado; é assim mesmo.) Tire do fogo e deixe descansar até esfriar um pouco (cerca de 3 minutos).

Em uma tigela, misture cuidadosamente o molho, as favas, o atum, ½ de colher (chá) do sal em flocos ou ¼ de colher (chá) de sal kosher e 1 pitada generosa de pimenta-do-reino. Transfira para uma tigela de servir, regue com azeite e cubra com 1 pitada de sal e as folhas de salsão, se estiver usando. Aprecie o prato sozinho ou com as suas bolachas favoritas.

Serve de 4 a 6

Tigela de farro

com batata-doce, rúcula + frango

Na época em que eu era assistente do Ted Allen e do marido dele, Barry, eu cuidava de uma série de coisas, incluindo o almoço. O Ted pode te contar que este prato continua sendo o seu favorito entre todas as coisas que já preparei para ele. A ideia veio do meu desejo de sair um pouco da quinoa (deliciosa, mas onipresente à época) e criar um prato que pudesse ser consumido bem depois que eu já tivesse ido embora. O segredo aqui, para obter o máximo de deleite nas noites de semana, é preparar a refeição com antecedência e ter a mistura-base de frango, batata-doce e farro, além dos demais acompanhamentos, pronta na geladeira, como eu costumava fazer para o Ted e o Barry. Assim, é só montar uma tigela em poucos minutos quando quiser.

DICA O 10-Minute Farro, da marca Trader Joe's, é bastante bom e fica pronto na metade do tempo necessário para as variedades perolada ou semiperolada geralmente encontradas.

- 680 g de batata-doce, em cubos de 1,5 cm
- ¼ de xícara (chá) de azeite de oliva
- ¾ de colher (chá) de pimenta vermelha em pó
- ¼ de colher (chá) de pimenta caiena
- Sal kosher (ver nota da página 41)
- 1 xícara (chá) de farro semiperolado, ou do perolado, ou de 10-Minute Farro (ver a Dica)
- 3 colheres (sopa) de vinagre de maçã
- 2 folhas de louro
- 450 g de peito de frango desossado e sem pele
- ¼ de xícara (chá) de suco de limão-siciliano
- 1 xícara (chá) de coentro ou de hortelã picados finamente
- Pimenta-do-reino moída na hora
- 60 g de rúcula baby
- ½ xícara (chá) de amêndoa torrada e salgada, de preferência do tipo marcona, picada grosseiramente
- 1 colher (sopa) de raspas de limão-siciliano
- 1 xícara (chá) de iogurte grego integral
- Azeite de oliva extravirgem para regar
- Limão-siciliano cortado em quatro para servir

NOITES SAUDÁVEIS

Preaqueça o forno a 230 °C, com a grelha no nível mais baixo.

Coloque a batata-doce em uma assadeira e misture com 2 colheres (sopa) de azeite, a pimenta vermelha em pó, a pimenta caiena e ¼ de colher (chá) de sal. Espalhe as batatas em uma única camada, com espaço entre elas (isso ajuda a deixá-las crocantes), e asse por 15 a 18 minutos, até a parte de baixo dourar. Vire-as com uma espátula e continue assando até estarem totalmente crocantes (mais 8 a 10 minutos). Tire do forno e deixe que esfriem até ficarem mornas ou em temperatura ambiente.

Enquanto isso, encha uma panela média até a metade com água (cerca de 8 xícaras). Leve ao fogo para ferver e acrescente o farro, o vinagre, as folhas de louro e 1 ½ colher (chá) de sal e cozinhe por 20 a 35 minutos até o farro ficar al dente, dependendo do tipo que estiver usando. (Caso seja o 10-Minute, siga as instruções da embalagem.)

Durante o cozimento do farro, seque o frango e tempere com ½ colher (chá) de sal. Aqueça as 2 colheres (sopa) restantes de azeite em uma frigideira antiaderente grande em fogo médio-alto. Acrescente o frango e frite por 5 a 7 minutos, sem mexer, até estar ligeiramente dourado por baixo. Vire e continue até cozer bem o frango (mais 5 a 7 minutos). Adicione o suco de limão-siciliano e deixe cozinhar por mais 1 minuto. Tire a frigideira do fogo e transfira o frango para uma tábua, reservando o caldo da frigideira. Deixe o frango descansar por 5 minutos e, então, corte-o em cubos de cerca de 2 cm.

Escorra o farro cozido, espalhe em uma travessa grande ou uma assadeira e deixe descansar até ficar morno ou em temperatura ambiente.

Em uma tigela grande, misture cuidadosamente o farro, as batatas-doces, o frango e o caldo reservado da frigideira, além do coentro. Tempere com pimenta-do-reino a gosto. Coloque colheradas da mistura em tigelas para servir. Cubra cada uma com um montinho de rúcula, um pouco de amêndoas, raspas de limão, 1 colherada de iogurte, azeite extravirgem, mais uma espremida de limão-siciliano e sal a gosto.

Salmão com pele crocante

E MOLHO MOLHO DE RAIZ-FORTE

Serve 4

O salmão é um peixe dos mais populares, mas sua pele deliciosa e cheia de nutrientes costuma ser subestimada. A técnica desta receita deixa a carne perfeitamente cozida e contrastando com a pele que estala com suas gorduras boas e seu sabor rico, algo defumado. Eu aprecio o peixe primeiro e guardo a casquinha crocante para o fim.

MOLHO CREMOSO DE RAIZ-FORTE

1 xícara (chá) de iogurte grego, de preferência integral

1/3 de xícara (chá) de raiz-forte branca fresca ralada ou 170 g da versão já preparada, bem escorrida (esprema para tirar o excesso de líquido)

2 colheres (sopa) de cebolinha, endro (dill) fresco ou salsinha picados finamente

1 colher (chá) de vinagre de vinho branco ou de suco de limão-siciliano

1/2 colher (chá) de sal kosher (ver nota da página 41) ou a gosto

1/4 de colher (chá) de pimenta caiena, ou a gosto

SALMÃO

4 filés de salmão com pele (150 g a 180 g cada), de preferência cortes centrais, de 2 cm a 2,5 cm de espessura na parte mais grossa

Sal kosher

Farinha de trigo para polvilhar

2 colheres (sopa) de óleo neutro (por exemplo, de canola)

DICA A espátula de peixe,* com sua pá abaulada e flexível, permite pressionar os filés ou postas por igual sem aplicar muita pressão. Com ela, também é possível "se esgueirar" entre a frigideira e qualquer coisa que seja delicada, reduzindo as chances de quebrar toda aquela beleza crocante que você tanto trabalhou para conseguir.

Para o molho cremoso de raiz-forte: em uma tigela, misture todos os ingredientes e 1 colher (sopa) de água. Ajuste o sal e a pimenta caiena a gosto (você também pode colocar ainda mais raiz-forte se quiser aquela pegada extra). Cubra e leve à geladeira até o momento de consumir. (*O molho pode ser feito até um dia antes.*)

Para o salmão: preaqueça o forno a 110 °C.

Seque cuidadosamente os filés de salmão nos dois lados, com folhas duplas de papel-toalha. Tempere todo o peixe com 1 colher (chá) de sal e, depois, polvilhe o lado da pele com a farinha, retirando eventuais excessos com a parte de trás de uma colher limpa.

Leve uma frigideira grande com 1 colher (sopa) de óleo ao fogo médio-alto até ficar bem quente, mas sem fazer fumaça. Reduza para médio-baixo e coloque 2 filés de salmão, com o lado da pele para baixo. Usando uma espátula de metal, vá pressionando os filés para evitar que a pele se enrole e garantir que fique crocante por igual. Continue pressionando, sem conferir nem mexer os filés (sim, essa é a parte que exige paciência!), até a gordura se soltar da pele e esta ficar com a crocância evidente (de 6 a 7 minutos). Vire os filés para cozinhar o lado da carne rapidamente (de 30 segundos a 2 minutos, dependendo

---

* Não é um item fácil de encontrar no Brasil. Na maior parte dos casos, precisa ser adquirido de lojas estrangeiras. (N. E.)

da espessura), deixando um tanto malpassada. Transfira o peixe para uma assadeira e o mantenha aquecido no forno. Limpe a frigideira com umas duas folhas de papel-toalha e repita o processo com os filés e o óleo restantes.

Transfira o salmão para pratos de servir e sirva com o molho cremoso de raiz-forte.

NOITES SAUDÁVEIS 175

Peixe-espada

com polenta + tomate assado

Serve 4

Durante os poucos anos em que vivi na Virgínia Ocidental, na adolescência, não era fácil encontrar frutos do mar de boa qualidade. Você pode imaginar o deleite da minha família quando descobrimos um restaurante com empório bem no coração da capital do estado, Charleston, onde uma das especialidades era uma posta de peixe-espada com polenta frita bem dourada e manteiga com mel. Minha versão é mais saudável, já que a polenta é assada e vem com tomates.

---

4 postas (de 180 g) de peixe-espada, de 2,5 cm a 3,5 cm de espessura

2 colheres (sopa) de manteiga amolecida

1 ½ colher (sopa) de mel

500 g de polenta cozida, cortada (usei rodelas de aproximadamente 6 cm de diâmetro e 1,5 cm de altura)

3 colheres (sopa) de azeite de oliva

Sal kosher (ver nota da página 41)

350 g de tomate-cereja ou de tomate sweet grape no ramo

2 colheres (sopa) de blackened seasoning (a versão do chef Paul Prudhomme é a minha favorita)*

¼ de xícara (chá) de folha de manjericão fresco rasgada

Preaqueça o forno a 230 °C. Deixe o peixe descansar em temperatura ambiente por 20 a 30 minutos (para não estar gelado no momento do preparo).

Em uma tigela pequena, misture a manteiga e o mel até homogeneizarem.

Coloque a polenta cortada em uma assadeira e misture cuidadosamente com 1 colher (sopa) de azeite e ¼ de colher (chá) de sal. Organize os pedaços em uma única camada de um lado da assadeira. Pincele a parte de cima com a mistura de manteiga. Leve ao forno por 8 minutos.

Enquanto isso, em um bowl, misture os tomates com 1 colher (sopa) de azeite e ⅛ de colher (chá) de sal.

Retire a assadeira do forno. Disponha os tomates na metade vazia, recoloque a assadeira no forno e asse por 16 a 18 minutos, até a polenta ficar levemente dourada e os tomates, além de dourados, com a pele começando a romper.

---

* Blackened seasoning consiste em uma mistura de temperos: páprica doce, sal, cebola e alho em pó, pimenta caiena, pimenta-do-reino, pimenta-branca, tomilho seco e orégano seco. A receita do chef Paul Prudhomme é facilmente encontrada na internet, digitando-se as palavras-chave blackened seasoning paul prudhomme. A receita está em inglês. (N. E.)

Enquanto isso, seque o peixe com papel-toalha e polvilhe o tempero em pó (o blackened seasoning) e 1 pitada generosa de sal.

Leve uma frigideira grande com o restante do azeite ao fogo médio-alto até ficar bem quente, mas sem fazer fumaça. Coloque o peixe-espada e frite por aproximadamente 4 minutos, sem mexer nele, até a parte de baixo ficar dourada. Vire o peixe e frite até estar opaco e cozido por completo (mais 3 ou 4 minutos).

Disponha o peixe, a polenta e os tomates em pratos de servir. Salpique o manjericão e sirva.

Tacos de peixe

com maionese de chipotle

Rende 12 tacos, serve 4

Em uma viagem de família para o Havaí alguns anos atrás, meu meio-irmão Shimon pediu tacos de peixe uma noite. Tínhamos um pedaço de dourado-do-mar tão fresco que me recusei a fritá-lo e optei por cozinhá-lo em manteiga e azeite. O resultado mais leve, mais limpo e supersaboroso fez dessa a minha técnica favorita para tacos de peixe. A salada de repolho e a maionese continuam fáceis.

---

2 limões grandes

¼ de xícara (chá) e 2 colheres (sopa) de maionese de boa qualidade

1 colher (chá) de pimenta chipotle em molho adobo picada finamente e 1 colher (chá) do molho

Sal kosher (ver nota da página 41)

3 xícaras (chá) de repolho roxo fatiado finamente (ver a Dica)

1 xícara (chá) de coentro picado grosseiramente, mais alguns ramos para decorar

2 colheres (sopa) de vinagre de maçã

⅛ de colher (chá) de semente de salsão

Pimenta-do-reino moída na hora

1 colher (sopa) de manteiga sem sal

1 colher (sopa) de azeite de oliva extravirgem

450 g de filé de peixe branco (por exemplo, dourado-do-mar, bacalhau, merluza) com cerca de 1,5 cm de espessura

12 tortilhas de milho branco (12 cm de diâmetro)

Complementos opcionais: molho de pimenta, cebolinha picada finamente, lâminas de rabanete e/ou pimenta jalapenho em conserva, comprada pronta ou feita em casa (*página 184*)

DICA Sou um grande fã do mandolin para conseguir fatias de repolho finas como papel para a salada. Esses filetes delicados têm um sabor mais doce e murcham mais rápido para obter o resultado desejado aqui. Mantenha a atenção tão afiada quanto a lâmina do mandolin quando manusear esse fatiador (nada de falar ao celular, por favor!) e utilize o dispositivo de segurança.

Rale 1 colher (chá) de raspas de 1 limão e corte o limão ao meio. Esprema para obter 1 colher (sopa) de suco em uma tigela pequena. Reserve a outra metade do limão.

Acrescente as raspas, a maionese, a pimenta chipotle, o molho adobo e ⅛ de colher (chá) de sal na tigela com o suco. Experimente para ter certeza de que o molho tem a pungência necessária sem ficar forte demais e ajuste de acordo.

Em uma tigela média, misture o repolho, o coentro, o vinagre, as sementes de salsão, ½ colher (chá) de sal, 1 pitada generosa de pimenta-do-reino e 3 colheres (sopa) da maionese de chipotle até incorporar bem. Cubra com filme plástico, pressionando o filme plástico contra a salada de repolho para tirar o ar e agilizar o processo da marinada.

Continua...

Em uma panela antiaderente grande, aqueça a manteiga e o azeite em fogo médio-alto até a manteiga derreter. Acrescente o peixe e deixe cozinhar até a base ficar ligeiramente dourada (cerca de 4 minutos). Vire e continue cozinhando por 6 a 8 minutos, quebrando o peixe em pedaços grandes até ele ficar opaco e começando a se desmanchar. Tempere com ¼ de colher (chá) de sal e esprema a metade de limão reservada. Tire a panela do fogo.

Forre uma travessa ou uma cestinha com um guardanapo de pano ou um pano de prato. Em uma frigideira grande, aqueça as tortilhas em fogo médio em levas, virando de tempos em tempos até elas inflarem e ficarem douradas em alguns pontos (de 2 a 3 minutos). Transfira as tortilhas quentes para a travessa preparada conforme forem ficando prontas e envolva-as com o pano para mantê-las quentes e dobráveis. (Como alternativa, você pode fazer duas pilhas de tortilhas, envolvê-las em papel-alumínio e aquecê-las no forno, em temperatura baixa.)

Para servir os tacos, corte o outro limão em quatro. Espalhe cerca de 1 colher (chá) da maionese de chipotle sobre cada tortilha. Disponha alguns pedaços de peixe e cubra com a salada de repolho e os ramos de coentro. Esprema as fatias de limão por cima. Sirva os tacos imediatamente, passando os complementos opcionais entre os convivas à mesa.

Fajitas de frigideira com frango (página 184)

Serve 4

Fajitas de frigideira

Meus colegas de *Queer eye* Tan e Jonathan jamais me deixariam passar sem incluir esta receita, que preparo com frequência depois de um longo dia de gravação juntos. Cebolas e pimentas tostadas, tirinhas de frango com um toque de limão e jalapenho em conserva se encontram neste prato que sacia como poucos. *A imagem está nas páginas 182-183.*

JALAPENHOS EM CONSERVA RÁPIDA

¼ de xícara (chá) de vinagre de maçã

1 ½ colher (chá) de açúcar refinado

Sal kosher (*ver nota da página 41*)

1 pimenta jalapenho ou serrano grande, ou 2 unidades médias, em fatias de 0,5 cm

FAJITAS

1 colher (sopa) bem cheia de raspas de limão

¼ de xícara (chá) e 2 colheres (sopa) de suco de limão

¼ de xícara (chá) e 3 colheres (sopa) de azeite de oliva

2 colheres (sopa) de páprica defumada (pimentón)

1 colher (sopa) de pimenta vermelha em pó

Sal kosher

680 g de peito de frango desossado e sem pele cortado na transversal em tiras de 1,5 cm de espessura

1 cebola grande cortada ao meio e, depois, no sentido do comprimento em fatias de 1,5 cm

2 pimentas poblano grandes cortadas no sentido do comprimento em tiras de 1,5 cm de espessura

3 dentes de alho picados finamente

8 tortilhas de trigo (15 cm de diâmetro)

Complementos opcionais: iogurte grego ou sour cream (*ver nota da página 47*), cubinhos de avocado, queijo fresco ou feta esmigalhado, salsa fresca,* cebolinha picada finamente e/ou coentro picado

Limão cortado em quatro para servir

Para a pimenta jalapenho em conserva: em um bowl pequeno misture o vinagre, o açúcar e 1 pitada generosa de sal. Acrescente os jalapenhos e reserve por pelo menos 30 minutos.

---

* A salsa fresca mexicana consiste em um molho à base de tomate com alho, cebola, jalapenho, coentro, suco de limão e sal. Lembra, na aparência, o vinagrete popular do Brasil. (N. E.)

NOITES SAUDÁVEIS

Para as fajitas: em uma tigela grande, misture as raspas de limão, ¼ de xícara (chá) de suco de limão, ¼ de xícara (chá) de azeite, a páprica defumada, a pimenta vermelha em pó e 2 colheres (chá) de sal. Acrescente o frango e misture, para envolver bem. Se estiver com tempo, deixe o frango marinar em temperatura ambiente por 30 minutos ou na geladeira por até 2 horas. Caso tenha marinado no refrigerador, deixe o frango chegar à temperatura ambiente antes de cozinhá-lo.

Leve uma frigideira grande e pesada com 2 colheres (sopa) de azeite ao fogo médio-alto até ficar quente, mas sem fazer fumaça. Acrescente as pimentas poblano e a cebola e refogue por 12 a 15 minutos, mexendo frequentemente até elas começarem a formar bolhas e ficar tostadinhas nas extremidades. Adicione o alho e 1 pitada de sal e refogue por 1 minuto. Acrescente ¼ de xícara (chá) de água e as 2 colheres (sopa) restantes de suco de limão. Cozinhe até a maior parte do líquido evaporar e transfira para uma tigela. Deixe a frigideira de lado e limpe-a com papel-toalha.

Enquanto isso, forre uma travessa ou uma cestinha com um guardanapo de pano ou um pano de prato. Em levas, aqueça as tortilhas em uma frigideira grande no fogo médio, virando ocasionalmente até inflarem e ficarem douradas em alguns pontos (de 2 a 3 minutos). Transfira as tortilhas quentes para a travessa preparada conforme forem ficando prontas e envolva-as com o pano para mantê-las quentes e dobráveis. (Como alternativa, você pode fazer duas pilhas de tortilhas, envolvê-las em papel-alumínio e aquecê-las no forno, em temperatura baixa.)

Escorra o frango da marinada e transfira para uma travessa. Leve ao fogo médio-alto a frigideira usada no refogado de cebola e poblanos. Acrescente a colher (sopa) restante de azeite e, quando estiver quente, adicione o frango e refogue por 5 a 7 minutos, mexendo de tempos em tempos, até ele ficar cozido por completo. Devolva as poblanos e a cebola à frigideira, acrescente 1 pitada de sal e misture tudo. Tire do fogo.

Escorra as pimentas jalapenho em conserva, descartando o líquido. Acrescente 1 colherada de iogurte ou do creme azedo, caso esteja usando, sobre as tortilhas. Depois cubra com a mistura das fajitas, os jalapenhos em conserva e qualquer outro complemento que deseje. Esprema os pedaços de limão por cima e sirva.

DICA O iogurte ameniza sutilmente a pungência do prato. As pimentas na conserva rápida são fáceis e divertidas de fazer, mas, se estiver com pressa, sem problema usar uma versão comprada pronta.

NOITES SAUDÁVEIS **185**

Serve 4

Frango à milanesa

com salada de tomatinho

Quanto mais aprendo sobre comida, mais reparo em pratos que se repetem em diferentes culturas. Pegue o frango frito do sul dos Estados Unidos, por exemplo. Seu equivalente italiano é a cotoletta alla milanese, uma costeleta martelada para ficar fininha, com os ingredientes básicos bastante similares. Pule o processo de preparação meio bagunçado, e ainda assim você obtém uma refeição com proteína crocante e suculenta. Sou vidrado neste prato o ano todo, usando uma mistura de tomates crioulos no verão e de tomate-cereja, sweet grape ou kumato durante os meses mais frios.

1 ½ colher (chá) de chalota ou de cebola roxa picada finamente

1 colher (sopa) de suco de limão-siciliano

Sal kosher (*ver nota da página 41*)

FRANGO

3 ovos grandes

Sal kosher

Pimenta-do-reino moída na hora

1 ½ xícara (chá) de farinha de rosca

90 g de parmesão ralado finamente, de preferência parmigiano reggiano

700 g de peito de frango desossado, sem pele, aberto ao meio em forma de borboleta, com pouco mais de 0,5 cm de espessura (*ver a Dica*)

½ xícara (chá) de óleo neutro (por exemplo, de canola) para fritar

SALADA

2 colheres (sopa) de azeite de oliva extravirgem

2 xícaras (chá) de tomate-cereja, tomate-cereja amarelo ou sweet grape, cortado ao meio, ou de kumato, cortado em quatro

2 xícaras (chá) de rúcula baby

¼ de xícara (chá) de salsinha (rasgada se as folhas forem muito grandes)

¼ de xícara (chá) de folhas grandes de manjericão fresco rasgadas

3 colheres (sopa) de pistache torrado e salgado picado finamente

Pimenta-do-reino moída na hora

Limão-siciliano cortado em quatro para servir

DICA Você pode comprar o peito desossado e sem pele e cortá-lo em forma de borboleta. Você precisa de uma faca boa e afiada. Também recomendo uma tábua grossa de plástico, que possa ser bem lavada, para evitar contaminação cruzada pelo frango. Depois, é só colocar o peito de frango na tábua e firmá-lo com a sua mão, por cima, à medida que vai cortando. Depois, corte-o horizontalmente até conseguir abri-lo como se fosse um livro.

Em uma tigela grande, misture a chalota ou a cebola roxa, o suco de limão-siciliano e ¼ de colher (chá) de sal. Deixe descansar enquanto prepara o frango. (A mistura vai amolecer suavemente a chalota ou cebola, fazendo uma conserva rápida.)

Para o frango: preaqueça o forno a 90 °C.

Em uma tigela grande não muito funda, bata os ovos com 1 colher (chá) de sal e 1 pitada generosa de pimenta-do-reino. Em uma outra tigela grande não muito funda, misture a farinha de rosca e o parmesão. Uma a uma, passe as porções de frango no ovo batido, deixando escorrer o excesso. Depois, pressione-as delicadamente na mistura de farinha de rosca, para cobrir inteiramente, e transfira-as para uma travessa grande. Deixe uma grade de resfriamento sobre uma assadeira perto do forno.

Leve uma frigideira grande (não antiaderente) com o óleo ao fogo médio-alto até ficar bem quente, mas sem fazer fumaça. Frite os frangos em duas ou três levas, virando uma vez, até ficarem bem cozidos e com um tom marrom dourado (de 2 a 3 minutos por lado). Deixe escorrerem na grade e, enquanto ainda estiverem quentes, tempere-os generosamente com sal. Em seguida, transfira os frangos para a assadeira e coloque-a no forno para mantê-los quentes enquanto você faz as outras levas.

Para a salada: acrescente o azeite na mistura de limão-siciliano e chalota e bata. Junte os tomates, a rúcula, a salsinha, o manjericão, o pistache e 1 pitada generosa de pimenta-do-reino moída grosseiramente, despeje o molho e misture bem.

Disponha o frango em pratos de servir. Coloque montinhos de salada por cima e/ou ao lado. Esprema as fatias de limão-siciliano e sirva.

Frango desfiado

COM COENTRO + LIMÃO

Serve 4

Fui inspirado a fazer este prato pela minha irmã, que durante certo verão preparou uma versão do Oriente Médio dele repetidamente. Ela temperava lascas de frango assado quentinho e suculento com suco de limão-siciliano e especiarias mediterrâneas, o que nos deixava bastante satisfeitos. Eu substituí o limão-siciliano pelo limão verde e a salsinha por coentro, para obter aquela pegada latina. Aprecie este prato no jantar, com arroz ou salada de acompanhamento; ou coloque dentro de um pão pita e leve para comer no trabalho ou na escola; ou, ainda, leve para um piquenique ou a jantares em que cada um entra com um prato – ele faz bonito em meio a um banquete com outros preparos de carne e legumes.

---

1 cebola roxa pequena a média picada finamente

¼ de xícara (chá) e 2 colheres (sopa) de suco de limão

Sal kosher (*ver nota da página 41*)

1 frango assado de rotisseria (1,2 kg a 1,5 kg), com a carne retirada e desfiada, e a pele e os ossos descartados (cerca de 5 xícaras de frango)

1 xícara (chá) de folha e do talo macio de coentro picados grosseiramente

Pão pita quentinho, ou arroz, ou sua salada favorita, para servir

Limão cortado em quatro para servir

Em uma tigela grande, misture a cebola, o suco de limão e 1 colher (chá) de sal. Deixe descansar por 10 a 15 minutos enquanto o sal e o ácido fazem sua mágica para suavizar a textura e a consistência da cebola.

Acrescente o frango e o coentro na mistura de cebola. Misture bem para incorporar. Ajuste o sal a gosto.

Sirva o frango com pão pita quentinho, ou arroz, ou salada, mais algumas fatias de limão.

Serve 6

Almôndegas de peru

EM MOLHO AVELUDADO

Bolei esta receita durante a gravidez da minha melhor amiga, Reema Sampat, que estava com desejo de comer almôndegas, mas com uma proteína mais leve. O molho é uma invenção com base em uma receita de Marcella Hazan. Gosto de comer as almôndegas e o molho por si só, mas você também pode optar pelo caminho do espaguete (o molho dá conta de uns 700 g de massa facilmente) ou servir com um pão crocante.

MOLHO

2 latas (800 g) de tomate pelado, em seu próprio suco

1 cebola média, descascada e cortada ao meio

6 colheres (sopa) de manteiga sem sal

Casca de 1 peça de parmigiano reggiano (opcional)

4 ramos de manjericão fresco

Sal kosher (ver nota da página 41)

ALMÔNDEGAS

½ colher (chá) de semente de erva-doce

900 g de carne de peru escura e moída

90 g de parmesão ralado finamente, de preferência parmigiano reggiano

1 ovo grande

2 colheres (chá) de mel

¼ de colher (chá) de pimenta calabresa

1 colher (chá) de sal kosher

3 colheres (sopa) de azeite de oliva ou mais, se for necessário

PARA SERVIR

Parmesão ralado na hora

Pimenta-do-reino moída na hora

Folhas de manjericão

Para o molho: em uma panela média, misture os tomates, com seu suco, as cebolas cortadas ao meio, a manteiga, a casca de parmesão (caso esteja usando), o manjericão e 1 colher (chá) de sal. Leve a ponto de fervura e, então, deixe cozinhar em fogo baixo por 45 a 50 minutos, mexendo de vez em quando e desmanchando os tomates com uma colher até o molho apurar e ficar bem saboroso. Ajuste os temperos a gosto. (*O molho pode ser feito até uma semana antes e mantido na geladeira; tire a casca do parmesão, a cebola e o manjericão antes de guardá-lo. Ou deixe esfriar, transfira para potes que vão ao congelador e congele por até três meses.*)

Enquanto isso, faça as almôndegas: leve as sementes de erva-doce em uma frigideira pequena e bem seca ao fogo médio-baixo, chacoalhando a frigideira para a frente e para trás por 2 minutos, até a especiaria desprender seus aromas. Transfira as sementes para uma tábua, deixe esfriar e, então, pique-as grosseiramente.

Em uma tigela grande, misture as sementes de erva-doce, o peru, o queijo, o ovo, o mel, a pimenta calabresa e o sal. Com as mãos umedecidas, misture cuidadosamente, para incorporar. Modele a massa, fazendo cerca de 24 bolinhas (de 3,5 cm) e umedecendo as mãos novamente conforme for necessário.

DICA Caso queira evitar fritura, você pode levar as almôndegas ao forno usando uma assadeira levemente untada e com papel-alumínio. Asse por 15 a 18 minutos a 220 °C. Quanto ao molho, qualquer resto dele pode ser guardado e consumido com uma massa simples.

Leve o azeite de oliva em uma frigideira grande ao fogo médio-alto até ficar bem quente, mas sem fazer fumaça. Acrescente uma única camada de almôndegas, sem encher demais, e deixe cozinhar por 10 a 12 minutos, virando-as ocasionalmente até que fiquem douradas e cozidas por inteiro. Transfira para uma travessa grande, limpe a frigideira e repita com as almôndegas restantes, acrescentando mais azeite de oliva conforme for necessário. (*As almôndegas cozidas podem ser congeladas em uma assadeira forrada com papel-manteiga e, depois de firmes, transferidas para um saco com fecho e mantidas no freezer por até três meses. Quando for consumir, deixe descongelar de um dia para o outro na geladeira.*)

Tire a casca de parmesão (caso tenha usado), as cebolas cortadas ao meio e os ramos de manjericão do molho. Acrescente as almôndegas e deixe fervilhar levemente por 2 a 3 minutos, ou até que o conjunto fique bem aquecido.

Com uma colher, coloque as almôndegas e o molho em pratos de servir. Cubra com parmesão, pimenta-do-reino e manjericão. Sirva quente.

Kafta de peru

COM HOMUS E SALADA DE PEPINO AMASSADO

Serve 4

Kafta é um saboroso bolinho de carne do Oriente Médio, assado no espeto. Costumo combiná-la com uma salada crocante e bem condimentada de pepino e homus caseiro. O trio compõe uma refeição marcante para as noites de semana, e as sobras são perfeitas para o dia seguinte. Adoro a cremosidade extra do homus feito em casa, mas na pressa você pode usar a versão comprada pronta e incrementá-la, dispondo a pasta em um prato, regando com um bom azeite de oliva e salpicando as diversas especiarias sugeridas abaixo.

SALADA PICANTE DE PEPINO AMASSADO

3 colheres (sopa) de azeite de oliva extravirgem, mais um pouco para a panela

1 colher (sopa) de molho chinês de pimenta e alho ou do molho sambal oelek ou de Sriracha

1 colher (chá) de mel

Sal kosher (ver nota da página 41)

900 g de pepino de casca fina

1/3 de xícara (chá) de hortelã (rasgada se as folhas forem muito grandes)

KAFTA

700 g de carne de peru escura e moída

1 cebola pequena picada finamente

2 colheres (sopa) de hortelã picada finamente

2 colheres (chá) de sal kosher

1 1/2 colher (chá) de cominho moído

1 colher (chá) de pimenta calabresa

1/2 colher (chá) de canela em pó

1/4 de colher (chá) de pimenta-do-reino moída na hora

HOMUS

450 g de grão-de-bico comprado pronto lavado e escorrido

1/4 de xícara (chá) e 2 colheres (sopa) de tahine bem misturado

1/4 de xícara (chá) de suco de limão-siciliano

1 dente de alho picado finamente

1 1/2 colher (chá) de sal kosher

Azeite de oliva extravirgem para regar

Algumas pitadas de zátar ou de cominho moído e/ou de páprica defumada (pimentón) para decorar (opcional)

Continua...

Para a salada de pepino: em uma tigela grande, misture o azeite, o molho de pimenta e alho, o mel e ¼ de colher (chá) de sal. Reserve.

Corte os pepinos ao meio. Apare as extremidades deles e corte em pedaços de 5 cm. Coloque esses pedaços em um saco com fecho e feche-o. Dê algumas batidas no saco com uma frigideira pequena ou com um rolo para amassar os pedaços de pepino. Transfira os pepinos para um escorredor colocado sobre uma tigela e salpique 1 ½ colher (chá) de sal. Deixe escorrer, mexendo uma ou duas vezes enquanto prepara a kafta e o homus (pelo menos 20 minutos).

Para a kafta: preaqueça o forno a 220 °C, com a grelha no nível mais baixo. Forre uma assadeira com papel-alumínio e unte ligeiramente com azeite.

Em uma tigela grande, misture o peru, a cebola, a hortelã, o sal, o cominho, a pimenta calabresa, a canela e a pimenta-do-reino. Com as mãos umedecidas, misture cuidadosamente para incorporar os ingredientes. Divida a mistura em 8 porções e faça bolinhos em forma de torpedo com cerca de 10 cm de comprimento. Coloque-os na assadeira e asse por 20 a 22 minutos, virando a assadeira e os bolinhos uma vez na metade desse tempo, até ficarem dourados e cozidos por inteiro. Transfira para uma travessa.

Enquanto isso, prepare o homus: reserve ¼ de xícara (chá) de grão-de-bico para decorar. Bata o restante do grão-de-bico com o tahine, o suco de limão--siciliano, o alho, o sal e ½ xícara (chá) de água gelada em um processador de alimentos, até ficar homogêneo. Se estiver muito grosso, vá acrescentando colheradas de água gelada para chegar à consistência desejada. (*O homus pode ser feito até três dias antes e mantido coberto na geladeira.*)

Espalhe o homus em uma travessa de servir, molde-o com uma espátula e regue com azeite. Depois, cubra com o grão-de-bico reservado e salpique as especiarias (caso esteja usando).

Transfira os pepinos para a tigela com a mistura de molho de pimenta e alho. Acrescente cerca de ¼ de xícara (chá) de hortelã e misture para incorporar. Cubra com as folhas de hortelã restantes. Sirva com a kafta e o homus.

DICA

Eu geralmente faço essas kaftas na assadeira, assim consigo dar conta da salada e do homus enquanto elas cozinham. Mas você pode modelar as kaftas em espetos de metal e prepará-las em uma grelha caseira, ou mesmo em uma churrasqueira a gás ou carvão.

Massa à bolonhesa marroquina

Serve de 4 a 6

Cominho, coentro e canela – e cordeiro em vez da tradicional carne bovina – dão ao clássico molho à bolonhesa uma outra interpretação. A receita rende o suficiente para 900 g de massa, então eu costumo prepará-la em domingos preguiçosos e congelar metade (ou toda ela, em duas levas) para usar em outra refeição prática.

Sal kosher (*ver nota da página 41*)

450 gramas de massa longa, como tagliatelle, fettuccine, linguine ou spaghetti

¾ de xícara (chá) de iogurte grego integral

1 colher (sopa) de manteiga sem sal

2 ½ xícaras (chá) de Molho à bolonhesa de cordeiro (*página 196*) aquecido

Coentro ou hortelã picados grosseiramente

Parmigiano reggiano ralado na hora para servir

Pimenta-do-reino moída na hora

Leve uma panela grande de água para ferver e coloque sal até ela ficar com gosto de mar (experimente). Acrescente a massa e cozinhe, mexendo às vezes até ficar al dente.

Enquanto isso, em uma tigela pequena, misture o iogurte e 1 a 2 colheres (sopa) da água do cozimento da massa. Reserve.

Tire cerca de ¾ de xícara (chá) da água do cozimento da massa e reserve. Escorra a massa e devolva-a à panela. Acrescente a manteiga, o molho à bolonhesa e 1 ou 2 colheres (sopa) da água do cozimento da massa. Misture para incorporar bem, acrescentando mais colheradas da água do cozimento se o conjunto parecer seco.

Transfira para tigelas de servir. Sirva com o iogurte e cubra com coentro ou hortelã, parmesão e pimenta-do-reino.

Continua...

Molho à bolonhesa de cordeiro

Rende 5 xícaras (chá)

- 2 colheres (sopa) de azeite de oliva extravirgem
- 2 colheres (sopa) de manteiga sem sal
- ½ cebola pequena picada finamente
- 2 cenouras médias picadas finamente
- 2 talos de salsão picados finamente
- 2 dentes de alho picados finamente
- 700 g de carne de cordeiro moída
- 1 ¾ de colher (chá) de cominho moído
- 1 ¼ de colher (chá) de coentro moído
- ¾ de colher (chá) de pimenta calabresa
- ½ colher (chá) de canela em pó
- Sal kosher (*ver nota da página 41*)
- Pimenta-do-reino moída na hora
- ¾ de xícara (chá) de leite integral
- ¾ de xícara (chá) de vinho tinto seco
- 2 latas (800 g) de tomate pelado, em seu próprio suco

Em uma panela de ferro grande ou outra panela grande e pesada, aqueça o azeite de oliva e a manteiga em fogo médio até a manteiga derreter e formar uma espuma. Coloque a cebola, as cenouras, o salsão e o alho e refogue por 6 a 8 minutos, mexendo de vez em quando até a cebola ficar macia e translúcida. Adicione o cordeiro e cozinhe, mexendo frequentemente e desmanchando a carne em pedacinhos com uma colher até ela ficar bem cozida (cerca de 6 minutos).

Acrescente o cominho, o coentro, a pimenta calabresa, a canela, ¾ de colher (chá) de sal e 1 pitada generosa de pimenta-do-reino e cozinhe por 30 segundos. Adicione o leite, leve a ponto de fervura e, então, reduza para fogo médio-baixo e deixe fervilhar até o molho engrossar (de 3 a 5 minutos). Acrescente o vinho e deixe fervilhando até ele evaporar quase por inteiro (mais 8 a 10 minutos).

Acrescente os tomates em seu suco e, em seguida, abaixe o fogo. Desmanche os tomates em pedacinhos com uma colher e deixe fervilhar delicadamente com a panela destampada, mexendo de tempos em tempos e acrescentando água de ½ em ½ xícara (chá) caso o molho resseque, até o preparo ficar bem saboroso (cerca de 3 horas). Tire do fogo e ajuste os temperos a gosto. Sirva ou deixe esfriar antes de guardar. (*O molho pode ser mantido na geladeira por até três dias ou no freezer por até três meses. Se congelado, deixe descongelar e reaqueça delicadamente em fogo baixo, mexendo de vez em quando e acrescentando de 2 a 4 colheres de água, conforme necessário, antes de servir.*)

 Para um trabalho mais ligeiro, você pode picar a cebola, a cenoura, o salsão e o alho juntos em um processador de alimentos.

Kielbasa à polonesa

Serve 4

A tradicional kielbasa polonesa é adocicada, puxada no alho e defumada, apreciada em seu melhor quando bem crocante depois de passar por uma grelha ou uma frigideira, e acompanhada de chucrute ou repolho refogado e batatas cozidas. É o tio mais velho e encorpado do Leste Europeu da salsicha de hot-dog. Sirva-a sozinha ou, cheio de orgulho, em uma tábua de frios para um grande grupo; ou, ainda, com uma cerveja lager em um evento ao ar livre.

---

1 ½ colher (chá) de azeite de oliva

700 g de kielbasa (o ideal seria de algum mercado polonês) cortada ao meio no sentido do comprimento e riscada no lado da pele

PARA SERVIR

Endro (dill) ou salsinha picados finamente

Chucrute em temperatura ambiente

Mostarda picante (de preferência do tipo polonesa)

Aqueça o azeite de oliva em uma frigideira grande em fogo médio-alto. Acrescente a kielbasa com o lado do corte para baixo e frite por mais ou menos 4 minutos, virando-a de vez em quando até ficar profundamente dourada.

Sirva quente, coberta com salsinha ou endro, acompanhada de chucrute e mostarda.

DICA Minha mostarda favorita de estilo polonês é a Dobra Tesciowa, da Cracóvia (*dobra tesciowa* significa "boa sogra"). Quando não consigo encontrá-la fora de Nova York ou Montreal, faço uma versão improvisada acrescentando 1 ou 2 esguichos de Sriracha e mel em alguma mostarda picante do tipo Dijon.

NOITES SAUDÁVEIS

Bife do vazio

com limão tostado, chili e ervas

Serve 4

O bife do vazio* é relativamente magro, mas repleto de sabor. O suco de limão e um punhado de folhas de hortelã e coentro atuam como uma "salada" e deixam o prato ainda mais satisfatório, além de conferirem um toque asiático.

- 2 limões grandes, cortados ao meio
- 1 chalota grande picada finamente
- Sal kosher (ver nota da página 41)
- 2 dentes de alho grandes ralados ou picados finamente
- 1 colher (sopa) bem cheia de gengibre descascado e ralado
- 3 ½ colheres (sopa) de azeite de oliva, mais um pouco para pincelar e grelhar
- 700 g a 900 g de bife do vazio, com cerca de 2,5 cm de espessura
- Pimenta-do-reino moída na hora
- ¼ de xícara (chá) não muito cheia de folhas de manjericão, hortelã e/ou coentro
- 1 pimenta jalapenho picada finamente

Esprema 2 colheres (chá) de suco de uma das metades de limão. Coloque o suco em um bowl e misture com a chalota e ¼ de colher (chá) de sal. Reserve.

Em uma tigela grande, misture o alho, o gengibre e 1 colher (sopa) de azeite de oliva. Acrescente o bife e vire-o, para cobrir por inteiro. Deixe descansar por 10 minutos.

Aqueça em fogo alto uma grelha ou uma frigideira de grelhar, ligeiramente untada com azeite. Em caso de grelha a carvão, a maioria dos pedaços de carvão deve estar coberta por uma cinza branca, e você deve conseguir manter sua mão a uns 5 cm da grelha por no máximo 3 segundos.

Pincele a parte cortada das metades de limão com 1 ½ colher (chá) de azeite. Depois, tempere com 1 pitada generosa de sal e outra de pimenta-do-reino.

Retire o excesso da marinada da carne e tempere com 1 ¼ de colher (chá) de sal e ½ colher (chá) de pimenta-do-reino. Grelhe o bife, virando uma só vez, até ficar bem tostado (de 4 a 5 minutos de cada lado). Caso tenha um termômetro à mão para conferir o ponto na hora, vá de 55 °C. Ao mesmo tempo, grelhe as metades de limão, com o lado do corte para baixo, girando-as de tempos em tempos até ficarem bem tostadas (cerca de 5 minutos). Transfira os limões e o bife para uma tábua e deixe que descansem por 15 minutos.

Acrescente as 2 colheres (sopa) restantes de azeite na mistura de chalota.

Fatie o bife na transversal em pedaços de 1,5 cm e disponha em uma travessa. Esprema os limões grelhados sobre a carne e, depois, coloque colheradas do vinagrete de chalota por cima. Cubra com as ervas e o jalapenho.

DICA

O bife do vazio tem uma linha de nervo que passa pelo meio do corte. Você pode pedir para o açougueiro tirá-la ou fazer você mesmo em casa antes de marinar a carne. Caso não consiga o bife do vazio, a fraldinha também vai bem aqui. É só cozinhá-la por um pouquinho menos de tempo: de 3 a 4 minutos de cada lado.

---

* O vazio, também conhecido como pacu e aba da costela, é um corte bovino que fica abaixo das costelas do animal. (N. E.)

PROTEÍNA ANIMAL

Pargo assado com limão-siciliano e ervas — 204

Vieiras com manteiga de cenoura e alcaparras — 208

Espetinhos de abacaxi e camarão com molho verde — 210

King crab com manteiga de estragão e limão-siciliano — 212

Chili malaio com camarão — 215

Frango com pimenta e xarope de bordo — 216

Souvlaki do Arahova — 218

Fígado de galinha com molho de pimenta e cebola tostada — 221

Bolo de carne de peru com recheio de cheddar — 222

Filé regado com manteiga — 224

Bisteca à moda da Kiki's Taverna — 225

Lombo com geleia de cebola ao bourbon e xarope de bordo — 228

Pirulitos de cordeiro com crosta de macadâmia e agrodolce — 230

Pargo assado

com limão-siciliano + ervas

Serve 4

Assar um peixe inteiro é uma ótima opção para um jantar entre amigos ou para um *date* em casa, porque impressiona e o preparo é simples. O peixeiro limpa o pescado e retira as escamas; você só precisa rechear com ingredientes aromáticos, como frutas cítricas e ervas frescas, que emprestam sabores delicados ao assar. Enquanto o forno trabalha, você pode preparar um acompanhamento fácil, como a Batata rústica com tempero de Montreal (*página 105*) ou os Aspargos com ovos moles (*página 88*). Ah, e por favor, não vá se esquecer da carne das bochechas, na cabeça do peixe – é bem docinha e, realmente, a melhor parte. *A imagem está nas páginas 206-207.*

- 1 pargo (1 kg a 1,5 kg) limpo e sem escamas, com a cabeça e a cauda intactas
- Sal kosher (*ver nota da página 41*)
- Pimenta-do-reino moída na hora
- 1 limão-siciliano em rodelas finas sem sementes
- 6 ramos de salsinha, mais um pouco picada, para servir
- 3 folhas de louro
- ½ colher (chá) de orégano seco
- 2 cebolas roxas pequenas em fatias de 1 cm, com um pouco da haste preservada
- ¼ de xícara (chá) e 2 colheres (sopa) de vinho branco seco
- ⅓ de xícara (chá) de azeite de oliva extravirgem

DICA

Qualquer peixe inteiro pode ser assado desse jeito. Caso não encontre o pargo, tente opções como robalo e dourada. Se o peixe for menor do que pede a receita, asse dois ou mais para servir para a mesma quantidade de comensais. Lembre-se de ajustar o tempo de cozimento, pois peixes menores cozinham mais rápido.

Preaqueça o forno a 230 °C, com a grelha no nível do meio.

Lave o peixe e seque-o. Faça três cortes transversais de cada lado do peixe, até chegar na espinha. Tempere a cavidade e a pele generosamente com sal e pimenta-do-reino. Recheie os cortes na parte de cima do peixe com algumas rodelas de limão-siciliano e, em seguida, recheie a cavidade com os ramos de salsinha, as folhas de louro, o orégano e as rodelas de limão restantes.

Em uma assadeira grande o bastante para acomodar o peixe, misture as fatias de cebola com ½ colher (chá) de sal e ¼ de colher (chá) de pimenta-do-reino. Depois, regue com o vinho e cerca de metade do azeite de oliva. Disponha as fatias de cebola em uma única camada para fazer uma cama para o peixe. Coloque o peixe por cima e regue com o restante do azeite de oliva.

Asse por 25 a 30 minutos, até o peixe ficar cozido por dentro. Para conferir, use a ponta de uma faca de descascar para tirar um pouquinho de carne da parte mais espessa do peixe. Ela deverá estar opaca perto do osso; esse é o ponto para servir.

Transfira o peixe e as cebolas para uma travessa de servir. Regue com o caldo da assadeira e cubra com a salsinha picada.

Para servir, passe uma faca de descascar ao longo da espinha do peixe. Faça o mesmo no final da cabeça e no limite com a cauda. Corte o filé do topo ao meio, sem cortar a espinha. Com uma espátula de metal, deslize por baixo, empurrando delicadamente, erga o pedaço cortado e o retire, colocando-o no prato de servir. A partir do limite da cauda, levante e remova a espinha. Tire quaisquer pedaços de espinhas visíveis do filé de baixo, corte ao meio e transfira cada pedaço para o prato de servir. Sirva com as cebolas e regue com o caldo restante da assadeira.

Pargo assado
com limão-siciliano
e ervas
(*página 204*)

Vieiras

com manteiga de cenoura + alcaparras

Serve 4

Estas vieiras recebem um molho simples de manteiga, suco de cenoura e limão, além de algumas alcaparras crocantes. Fritar essas belezinhas em azeite de oliva é um truque que devo a um amigo e antigo chefe – o famoso chef canadense Chuck Hughes.

ALCAPARRAS CROCANTES
Azeite de oliva para fritar superficialmente

3 colheres (sopa) de alcaparra escorrida e seca

VIEIRAS
4 colheres (sopa) de manteiga sem sal

1 ¼ de xícara (chá) de suco fresco de cenoura

2 colheres (sopa) de suco fresco de laranja

Sal kosher (ver nota da página 41)

Pimenta-do-reino moída na hora

450 g de vieira lavada, com o músculo removido

Salsinha ou estragão para decorar

DICA Procure utilizar as vieiras "embaladas a seco". Elas têm uma tonalidade suavemente rosada e um agradável cheiro de mar. Evite as vieiras muito brancas e mantidas em uma solução de água e produtos químicos, o que dilui o sabor natural e as deixa mais pesadas (e, portanto, também mais caras). Estas soltam água no cozimento, o que acaba por cozinhá-las no vapor, por isso não deixe dourar demais. A maioria das vieiras tem um músculo pequeno e duro que vem junto. Tire e descarte antes de cozinhar.

Para as alcaparras: forre uma travessa com papel-toalha. Leve uma frigideira pequena com pouco mais de 1 cm de azeite de oliva ao fogo médio-alto até ficar bem quente e brilhante, mas sem fazer fumaça. Acrescente as alcaparras cuidadosamente (o óleo vai espirrar um pouco) e frite até as pontas ficarem infladas e ligeiramente douradas (de 30 a 60 segundos). Com uma escumadeira, transfira as alcaparras para o papel-toalha, a fim de escorrê-las.

Para as vieiras: corte 2 colheres (sopa) da manteiga em cubos e devolva à geladeira. Em uma panela pequena, leve o suco de cenoura a ponto de fervura em fogo médio-alto e deixe até reduzir pela metade (de 10 a 12 minutos). Acrescente a manteiga refrigerada, um cubo de cada vez, batendo constantemente e deixando que cada cubo se incorpore bem ao molho antes de acrescentar o próximo. Adicione o suco de laranja, ¼ de colher (chá) de sal e 1 pitada generosa de pimenta-do-reino. Tire do fogo.

Tempere levemente as vieiras com sal dos dois lados. Em uma frigideira antiaderente grande, aqueça as 2 colheres (sopa) restantes de manteiga em fogo médio-alto até derreter e começar a fazer espuma. Acrescente as vieiras e deixe fritar por 2 a 3 minutos, inclinando a frigideira para acumular a manteiga e regá-las, até que se forme uma crosta dourada nas extremidades de cada uma. Vire as vieiras e continue fritando até cozinharem por dentro (mais 45 segundos aproximadamente). Elas devem ficar com um tom marrom dourado em cima e embaixo, mas ainda pouco cozidas e algo cremosas bem no meio.

Transfira as vieiras para pratos de servir, regue com a manteiga de cenoura e decore com as alcaparras crocantes e as ervas picadas.

Espetinhos de abacaxi e camarão com molho verde

Serve 4

Este é um prato fácil e ótimo para festas. Tem o frescor e o sabor adocicado do abacaxi, a pungência do gengibre e das pimentas e a presença marcante do molho de peixe. Você pode montar os espetinhos com antecedência e grelhá-los quando quiser. Como são tão gostosos quentes quanto em temperatura ambiente, podem ser devorados ao longo de várias horas. Se você der a sorte de sobrar um pouco, retire os ingredientes dos espetinhos e misture com sua alface favorita, para fazer uma salada incrível. O molho verde é o seu tempero e incorpora muito bem.

ESPETINHOS

450 g de camarão grande descascado e limpo

2 xícaras de pedaços de abacaxi fresco de cerca de 1,5 cm

1 cebola roxa média cortada em fatias de 1,5 cm, com um pouco da haste preservada

MOLHO VERDE

2 colheres (sopa) de raspas de limão

¼ de xícara (chá) e 2 colheres (sopa) de suco de limão

2 colheres (sopa) de molho de peixe

2 colheres (sopa) de folha e do talo macio de coentro picados finamente

1 colher (sopa) cheia de açúcar mascavo

½ colher de sopa de gengibre fresco descascado e ralado

1 colher (sopa) de azeite de oliva extravirgem, mais um pouco para a grelha

Pimenta serrano ou fresno picada finamente e coentro picado para servir

Para os espetinhos: escolha 12 espetinhos. Caso sejam de madeira, deixe-os de molho na água por 10 minutos. Monte espetinhos com camarões apenas e outros com abacaxi e cebola alternados.

Aqueça em fogo alto uma grelha ou uma frigideira de grelhar. Em caso de grelha a carvão, a maioria dos carvões deve estar coberta de cinzas brancas e você deve conseguir manter sua mão a uns 5 cm da grelha por no máximo 3 segundos.

Grelhe os espetinhos, virando uma vez, até os camarões estarem opacos e cozidos por inteiro e o abacaxi ficar tostado (cerca de 2 minutos para cada lado para os camarões, e 4 minutos para cada lado dos espetinhos de abacaxi com cebola). Tire da grelha.

DICA

Como o camarão cozinha mais rápido do que a cebola e o abacaxi, é melhor grelhá-los separadamente.

Para o molho verde: em um liquidificador, misture todos os ingredientes menos o azeite e bata. Com o liquidificador em funcionamento, acrescente o azeite lentamente, para incorporar.

Disponha os espetinhos em uma travessa e regue com cerca de ¼ de xícara (chá) do molho. Cubra com as pimentas frescas e o coentro. Sirva quente ou em temperatura ambiente, com o restante do molho ao lado.

Serve 2

King crab

com manteiga de estragão e limão-siciliano

Costumo servir king crab – o caranguejo-real – quando preciso fazer as pazes com alguém ou quando recebo um pagamento e estou me sentindo cheio da grana. Certamente não é algo para comer todo dia (a menos que você seja um xeque muçulmano ou um oligarca), mas é perfeito para qualquer ocasião especial. E não é preciso muita coisa para deixar esse caranguejo do Alasca incrivelmente delicioso.

---

8 colheres (sopa) de manteiga com sal ou de manteiga acidificada

1 colher (chá) de raspas de limão-siciliano

1 colher (sopa) de suco de limão-siciliano

1 ½ colher (chá) de estragão (rasgado se as folhas forem muito grandes)

1,5 kg a 2 kg de pata pré-cozida congelada de king crab, descongelada

Em uma panela média, derreta a manteiga em fogo médio. Acrescente as raspas e o suco de limão-siciliano até incorporarem completamente e adicione o estragão. Tire do fogo e tampe para manter quente.

Encha uma tigela rasa de servir com gelo moído. Disponha as patas de caranguejo por cima. Sirva com a manteiga quente como molho – e várias folhas de papel-toalha.

COMO COMER PATAS DE CARANGUEJO-REAL: comece quebrando as patas em suas próprias articulações, retirando as partes duras de cartilagem. Use os dedos ou um alicate de lagosta para tirar a carne das cavidades. Utilizando a ponta de uma faca de descascar bem afiada e trabalhando sobre o lado de cor mais clara da casca (a parte mais fina), quebre-a no sentido do comprimento. Com os dedos, abra a casca para pegar a carne dentro. Caso você tenha unhas compridas, use um quebrador de lagosta.

Chili malaio com camarão

Serve 4

Descobri a culinária da Malásia na minha breve passagem como garçom do turno do almoço no Fatty Crab, em Nova York, do chef Zak Pelaccio. Eu chegava geralmente de ressaca e ia direto para a cozinha em busca de uma tigela de arroz que eu cobria com chili de caranguejo e um montinho de coentro picado. O Fatty Crab fechou, mas esta variação de uma das receitas mais famosas do Zak mantém vivo o amor.

- 1 ½ xícara (chá) de arroz jasmim ou outro arroz de grão longo
- 3 colheres (sopa) de molho de soja com baixo teor de sódio
- 3 colheres (sopa) de extrato de tomate
- 2 colheres (sopa) de molho chinês de pimenta e alho ou do molho sambal oelek
- 1 colher (sopa) e 1 colher (chá) de açúcar
- 1 colher (sopa) de óleo de gergelim torrado
- 1 colher (sopa) de azeite de oliva extravirgem
- ½ xícara (chá) de cebola roxa picada finamente
- 2 dentes de alho picados finamente
- 1 colher (sopa) de gengibre descascado e ralado
- 700 g de camarão rosa extra jumbo descascado e limpo
- 2 cebolinhas picadas finamente
- ½ xícara (chá) de coentro picado grosseiramente

DICA Na indústria de frutos do mar, os camarões são classificados e comercializados pela quantidade por libra (1 lb = 454 g). Os carnudos extra jumbo que adoro para esta receita têm a classificação 16/20 (o que significa que existem de 16 a 20 unidades por libra do produto). Se não encontrar desses grandões, você pode usar camarões menores; só é importante ficar de olho no tempo de preparo (camarões menores vão cozinhar mais rápido). Além disso, depois de retirá-los com a escumadeira, deixe o molho fervilhando por mais 2 ou 3 minutos, para apurar.

Cozinhe o arroz seguindo as instruções da embalagem.

Enquanto isso, misture o molho de soja, o extrato de tomate, o molho de pimenta e alho, o açúcar, o óleo de gergelim e 1 xícara (água) em uma tigela.

Leve uma frigideira bem grande com o azeite de oliva ao fogo médio até ficar bem quente, mas sem fazer fumaça. Acrescente a cebola, o alho e o gengibre e refogue por 5 a 7 minutos, mexendo bem até as cebolas ficarem macias e ligeiramente douradas (abaixe o fogo se os ingredientes estiverem dourando muito rápido). Acrescente a mistura de molho de soja, leve a ponto de fervura e deixe cozinhar por 4 minutos, mexendo de vez em quando para engrossar um pouquinho o molho e deixar os sabores incorporarem.

Faça um ninho com os camarões no molho. Deixe fervilhar delicadamente por 4 a 5 minutos, virando os camarões uma vez na metade do tempo até ficarem opacos e cozidos por dentro (ou menos tempo para camarões menores; *ver a Dica*). Com uma escumadeira, transfira o camarão para uma tigela. Deixe o molho fervilhar por mais 1 ou 2 minutos, mexendo às vezes, para apurar. Tire a panela do fogo.

Coloque arroz em colheradas nos pratos de servir, disponha os camarões por cima e cubra com o molho. Salpique a cebolinha e o coentro e sirva.

Serve 4

Frango com pimenta e xarope de bordo

Um frango assado é como uma folha em branco. Depois de dominar a técnica, você pode aplicar qualquer sabor que quiser. Esta receita surgiu quando eu morava no Brooklyn, estudava atuação e cozinhava para meus colegas de apartamento, PJ e Ben, também artistas novatos. Usando apenas as especiarias que tínhamos na despensa mais o xarope de bordo que meu pai mandava de Vermont, fiz esse prato completamente delicioso no improviso. Atualmente é o meu *numero uno*.

---

4 colheres (sopa) de manteiga sem sal em temperatura ambiente

2 colheres (sopa) de xarope puro de bordo

2 colheres (chá) de pimenta-malagueta em pó

2 colheres (chá) de pimenta chipotle desidratada e moída ou ¼ de colher (chá) de pimenta caiena

1 frango (2 kg a 2,2 kg)

Sal kosher (ver nota da página 41)

½ limão-siciliano

½ cebola pequena descascada em fatias

5 dentes de alho levemente amassados, sem descascar

Pimenta-do-reino moída na hora

Preaqueça o forno a 220 °C, com a grelha no nível do meio.

Em uma tigela pequena, misture a manteiga, o xarope de bordo e as pimentas até homogeneizar.

Tire e descarte o excesso de gordura da cavidade e do pescoço do frango e, depois, seque-o bem por dentro e por fora. Tempere a cavidade com sal. Esprema o suco de limão-siciliano na cavidade e coloque o ½ limão lá dentro, com a cebola e o alho. Começando pela extremidade da cavidade, deslize um dedo por baixo da pele de cada lado do peito, soltando-a. Solte também a pele das coxas. Em seguida, espalhe metade da mistura de manteiga com xarope de bordo debaixo da pele. Esfregue o restante da manteiga por cima da pele e tempere com 2 colheres (chá) de sal e 1 pitada generosa de pimenta-do-reino.

Coloque a ave com o peito para cima em uma assadeira ou em uma travessa refratária de 23 cm × 38 cm e leve ao forno por 15 minutos. Abaixe a temperatura para 180 °C e continue assando por mais 65 a 75 minutos, regando de tempos em tempos com os sucos do frango até que, ao perfurar a coxa com um garfo, o suco saia claro ou quando um termômetro inserido na parte mais espessa da coxa indique 75 °C. Tire a ave do forno e deixe descansar na assadeira por 15 minutos.

Regue o frango com os sucos da assadeira. Transfira para uma tábua e deixe descansar por mais 5 minutos, depois o corte e sirva.

PROTEÍNA ANIMAL

Souvlaki do Arahova

Serve 4

Sempre me disseram que, quando estava grávida deste que vos fala, minha mãe tinha desejos de comer souvlaki no restaurante Arahova, em Montreal – nosso lugar favorito de comida mediterrânea. Por isso, acho que posso dizer que meu caso de amor da vida toda com a comida grega começou já no útero. Como não vou mais toda semana ao Arahova, faço minha própria versão do souvlaki deles – frango grelhado com molho de iogurte cremoso e pepino. Acho que o meu é tão bom quanto as lembranças que tenho de lá.

---

2 pepinos médios em cubos de menos de 1 cm

Sal kosher (*ver nota da página 41*)

1 dente de alho grande picado grosseiramente

500 mL de iogurte grego integral

¼ de xícara (chá) de suco de limão-siciliano

¼ de xícara (chá) de endro (dill) fresco picado finamente, mais um pouco para decorar

600 g a 750 g de peito de frango desossado e sem pele em cubos de 2 cm

1 chalota média picada finamente no sentido do comprimento

3 colheres (sopa) de vinagre de vinho tinto

115 g de queijo feta desmanchado

1 colher (chá) de orégano seco

1 ½ colher (sopa) de azeite de oliva extravirgem

4 pães pita sem bolhas de ar (18 cm a 20 cm de diâmetro)

Pimenta-do-reino moída na hora

230 g de tomate kumato ou de tomate-cereja picado

¼ de xícara (chá) de hortelã fresca

Coloque um escorredor sobre uma travessa. Acrescente os pepinos, misture com ¼ de colher (chá) de sal e deixe descansar por 15 minutos.

Faça um montinho com o alho e ¼ de colher (chá) de sal em uma tábua e, usando uma faca do chef, amasse e pique bem até obter uma pasta. Transfira para uma tigela média. Acrescente o iogurte, o suco de limão-siciliano e o endro.

Transfira cerca de metade da mistura de iogurte a uma outra tigela média. Acrescente o frango. Cubra e leve à geladeira por pelo menos 45 minutos ou, no máximo, 4 horas.

Continua...

Esprema os pepinos para soltar o líquido. Descarte esse líquido e acrescente o pepino na mistura restante de iogurte – que agora virou um tzatziki. Cubra e leve à geladeira.

Quando for preparar o frango, preaqueça o forno a 90 °C. Escolha 12 espetinhos. Se forem de madeira, deixe-os de molho na água por 10 minutos. Tire o tzatziki da geladeira e deixe chegar em temperatura ambiente.

Coloque a chalota em uma tigela pequena e acrescente o vinagre e ¼ de colher (chá) de sal. Reserve por 15 minutos para ficar em conserva e, depois, escorra.

Em outra tigela pequena, misture o feta, o orégano e o azeite de oliva.

Aqueça uma grelha ou uma frigideira de grelhar em fogo médio-alto. Em caso de grelha de carvão, a maioria dos carvões deve estar coberta de cinzas brancas e você deve conseguir manter a sua mão a uns 5 cm da grelha por no máximo 3 segundos.

Enquanto isso, aqueça os pães pita no forno, direto nas grelhas.

Coloque os pedaços de frango nos espetinhos e tempere-os generosamente com sal e pimenta-do-reino. Descarte a marinada. Grelhe o frango por 8 a 10 minutos, virando uma vez na metade do tempo até ficar bem cozido. Retire os pedaços dos espetinhos e coloque em um prato.

Disponha os pães pita em pratos de servir. Espalhe 1 colherada de tzatziki em cada pão. Cubra com o frango, o queijo feta, os tomates, as chalotas em conserva, mais algumas colheradas de tzatziki e, para arrematar, a hortelã e o endro picados.

Fígado de galinha
com molho de pimenta e cebola tostada

Serve 4

Quando botamos o pé no asfalto do aeroporto de Heathrow, em Londres, para uma turnê de divulgação do *Queer eye*, o Tan disse: "A gente tem que ir comer no Nando's imediatamente". Como ele costuma optar por doces, fiquei surpreso com a empolgação por esse *fast-food* da sua cidade natal. Mas logo entendi por quê. O fígado de galinha com molho de pimenta ressuscitou meu amor pela carne desse órgão nutritivo e delicioso. Minha versão vem com cebolas tostadas, um ingrediente que costuma ser usado na variação polonesa deste prato.

---

600 g de fígado de galinha cortado ao meio

Sal kosher (ver *nota da página 41*)

Pimenta-do-reino moída na hora

½ xícara (chá) de molho chinês de pimenta e alho ou do molho sambal oelek, mais um pouco para acompanhar

2 colheres (sopa) de suco de limão-siciliano

3 colheres (sopa) de azeite de oliva

2 cebolas roxas médias em fatias de 0,5 cm de espessura

2 colheres (sopa) de manteiga sem sal

¼ de xícara (chá) de salsinha picada finamente

DICA
No Nando's, eles usam molho de piri-piri. Uma mistura do molho de pimenta e alho ou do sambal oelek com suco de limão-siciliano não fica nada atrás.

Seque os fígados de galinha com papel-toalha. Tempere com ¼ de colher (chá) de sal e ⅛ de colher (chá) de pimenta-do-reino.

Em um bowl, misture o molho de pimenta e alho (ou do sambal oelek) e o suco de limão-siciliano. Reserve.

Leve uma frigideira de ferro bem grande com 2 colheres (sopa) de azeite de oliva ao fogo médio-alto até ficar bem quente. Acrescente as cebolas, ½ colher (chá) de sal e 1 pitada generosa de pimenta-do-reino e refogue por 15 a 20 minutos, mexendo frequentemente até as cebolas ficarem bem douradas e tostadas em alguns pontos.

Posicione as cebolas nas laterais da frigideira. Acrescente a manteiga e a colher (sopa) restante de azeite de oliva no meio. Quando a manteiga derreter, frite os fígados de galinha, virando uma vez, até ficarem dourados e bem tostados na parte de fora, mas ainda rosados no meio (cerca de 2 minutos de cada lado). Acrescente a mistura reservada de molho de pimenta e alho e cozinhe até o molho engrossar um pouco (mais 2 minutos aproximadamente).

Tire do fogo e acrescente a salsinha cuidadosamente. Sirva quente.

Serve de 6 a 8

Bolo de carne de peru com recheio de cheddar

Meu querido ex-namorado, Joey, e eu mantínhamos a tradição de cozinhar para os pais dele no jantar de domingo. Meu reconhecimento profundo pelo fato de me aceitarem como um deles era retribuído da melhor maneira que conheço: por meio de um bolo de carne recheado com um pedaço inteiro do meu cheddar favorito da vida, vindo da Cabot Creamery, em Vermont. Nada me dá mais alegria do que o queijo escorrendo do meio dessa que é basicamente uma almôndega gigante e muito saborosa.

Sobras frias no dia seguinte = bom DEMAIS. Uma bela fatia do bolo, um pouco de maionese e alface lisa compõem um sanduíche fantástico.

- 1 cebola grande picada grosseiramente
- 2 dentes de alho grandes
- 2 colheres (sopa) de azeite de oliva
- Sal kosher (*ver nota da página 41*)
- 1 xícara (chá) de folha e do talo macio de salsinha picados grosseiramente
- 2 colheres (chá) de molho inglês
- 2 colheres (chá) de raspas de limão-siciliano
- 1 ½ colher (chá) de coentro moído
- ½ colher (chá) de pimenta calabresa
- ⅓ de xícara (chá) e ¼ de xícara (chá) de ketchup
- 1 ¼ de xícara (chá) de farinha de rosca
- ½ xícara (chá) de leite integral
- 2 ovos grandes levemente batidos
- 900 g carne de peru moída, 85% ou 93% magra (uma mistura de carnes clara e escura)
- 220 g de queijo cheddar envelhecido em temperatura ambiente
- 1 colher (sopa) não muito cheia de açúcar demerara ou do mascavo
- 1 colher (chá) de pimenta-do-reino moída na hora

Preaqueça o forno a 220 °C, com a grelha no nível do meio.

Bata a cebola e o alho em um processador de alimentos até ficarem bem picadinhos.

Aqueça o azeite em uma frigideira grande em fogo médio-alto. Acrescente a mistura de cebola e 1 colher (chá) de sal e refogue por aproximadamente 7 minutos, mexendo de vez em quando até a cebola ficar bem macia. Tire do fogo. Adicione a salsinha, o molho inglês, as raspas de limão-siciliano, o coentro, a pimenta calabresa e ¼ de xícara (chá) de ketchup, transfira para uma tigela grande e deixe esfriar.

Em uma outra tigela grande, misture a farinha de rosca e o leite e aguarde 5 minutos.

Acrescente os ovos na mistura de leite e, depois, adicione a mistura de cebola. Por fim, coloque a carne de peru e ½ colher (chá) de sal, trabalhando com as mãos para incorporar todos os ingredientes.

Unte ligeiramente uma assadeira de 33 cm × 23 cm. Modele cerca de metade da massa de carne em um retângulo de 23 cm × 13 cm centímetros no centro da assadeira. Pressione o queijo cuidadosamente no meio e cubra com o restante da carne, criando uma pequena parede (de cerca de 3,5 cm de espessura) nas laterais do pedaço de queijo e por cima, certificando-se de fechar bem todos os lados.

Misture o açúcar, a pimenta-do-reino e ⅓ de xícara (chá) de ketchup e, em seguida, pincele o bolo de carne. Asse até o topo estar bem dourado e a base ficar crocante (de 50 a 60 minutos). Tire o bolo de carne do forno e deixe descansar por 10 a 15 minutos antes de servir.

Filé regado com manteiga

Serve 4

Recentemente conheci um cara que estava para começar a faculdade e nunca havia cozinhado para si mesmo. Ele adorava filé, mas não tinha uma grelha, então decidi lhe ensinar a técnica de regar a carne com manteiga em frigideira de ferro. Esse jeito de preparar faz o filé ganhar uma crosta dourada enquanto permanece com seu interior macio e suculento.

---

2 filés (450 g a 600 g) de contrafilé ou de filé de costela, com 3 cm a 4 cm de espessura

1 ½ colher (chá) de sal kosher (ver nota da página 41)

2 colheres (chá) de óleo neutro (por exemplo, de canola)

2 colheres (sopa) de manteiga sem sal

3 ramos folhudos de tomilho fresco

1 ramo folhudo de alecrim fresco

2 dentes de alho cuidadosamente amassados, com a casca

Pimenta-do-reino moída na hora grosseiramente

Seque os filés com papel-toalha e tempere nos dois lados com sal, pressionando-o na carne para que se fixe nela.

Aqueça uma frigideira grande de ferro em fogo médio-alto por 1 a 2 minutos. (Isso ajuda a obter uma bela casquinha escura na carne.) Enquanto isso, retire algum excesso de umidade dos filés com papel-toalha (nos dois lados).

Coloque o óleo na frigideira quente e gire-a para cobrir o fundo. Acrescente os filés e frite por 5 minutos, sem mexer, até a parte de baixo ficar bem dourada e se formar uma crosta. Vire e repita o processo do outro lado, até ficar bem dourado também (cerca de 4 minutos mais). Sele as laterais dos filés, caso haja gordura, e depois os posicione bem esticados na frigideira. Acrescente a manteiga, o tomilho, o alecrim, o alho e 1 pitada generosa de pimenta-do-reino. Incline a frigideira para que a manteiga se acumule de um lado e, com uma colher grande, banhe os filés com essa gordura, as ervas e o alho por 1 minuto (nesse momento, um termômetro inserido na parte mais espessa da carne deve marcar de 49 °C a 52 °C para malpassado). Tire do fogo.

Transfira os filés para uma tábua, deixando os sucos que se formaram na frigideira.

Após 10 minutos, faça fatias grossas da carne, cortando no sentido da fibra, e disponha nos pratos. Com uma colher, coloque o suco que ficou na frigideira por cima das fatias e sirva.

Bisteca à moda da Kiki's Taverna

Serve 4

Existe um lugar mágico na ilha grega de Mykonos, perto da praia de Agios Sostis, que um senhor chamado Vassily toca sozinho. Para chegar lá, você estaciona seu jipe 4 × 4 alugado e anda uns 800 metros por um caminho ladeado de arbustos até chegar a um pequeno descampado na encosta da colina. Lá está a Kiki's Taverna. Para comer ali, você deixa o seu nome, já que eles não fazem reserva. E, enquanto você espera pelo menos 1 hora para conseguir uma mesa, vai bebericando um vinho rosé grego em copinhos de cobre e observando os gatos de rua passeando pelo telhado do restaurante, que mais parece uma tenda. Quando você finalmente consegue uma mesa, é só pedir as cinco saladas e a bisteca. Mas essa não é uma simples bisteca. É A bisteca. Marinada com mel e orégano fresco, é sem sombra de dúvidas o corte de carne de porco mais suculento e delicioso que você vai comer na vida. Com o suco da carne escorrendo pelo queixo e um sorriso besta na cara, você pode observar aqueles iates imensos na enseada logo abaixo e pensar: isso sim que é vida.

Enquanto você não vai para lá, prepare este prato – que não é a receita oficial da bisteca da Kiki's Taverna, mas uma versão inspirada pela minha memória. *A imagem está na página 227.*

---

4 bistecas de porco (220 g a 280 g) com osso e pouco mais de 3 cm de espessura

3 limões-sicilianos

¼ de xícara (chá) de mel

3 colheres (sopa) de orégano fresco picado finamente

4 dentes de alho picados finamente

2 colheres (sopa) de azeite de oliva extravirgem

Sal kosher (*ver nota da página 41*)

Pimenta-do-reino moída na hora

Faça cortes na gordura das extremidades das bistecas (isso ajuda a mantê--las planas no processo de cocção) e coloque-as em um saco plástico com fecho. Fatie 2 dos limões-sicilianos em rodelas bem finas. Tire e descarte as sementes. Acrescente as rodelas no saco com as bistecas.

Continua...

PROTEÍNA ANIMAL

Em um bowl, misture o mel, o orégano, o alho, 1 colher (sopa) do azeite, ½ colher (chá) de sal e 2 colheres (sopa) de água morna e adicione às bistecas. Tire o ar do saco e feche-o bem. Esfregue os lados do saco para misturar a marinada, apertando ao redor das bistecas para envolvê-las. Deixe marinar na geladeira por pelos menos 4 horas, ou até de um dia para o outro.

Quando for preparar, preaqueça o forno a 220 °C, com a grelha no nível do meio. Deixe as bistecas chegarem à temperatura ambiente (ainda na marinada) por 20 minutos.

Tire as bistecas do saco plástico e raspe os pedaços de limão ou de alho; descarte a marinada. Tempere todos os lados com 1 colher (chá) de sal.

Aqueça uma frigideira que possa ir ao forno em fogo médio-alto. Coloque a colher (sopa) restante de azeite de oliva nela e, em seguida, acrescente as bistecas. Frite por aproximadamente 5 minutos, até a parte de baixo ficar dourada. Com a ajuda de um talher, apoie as bistecas na parte da gordura e doure também a gordura (cerca de 3 minutos). Depois, coloque-as com o lado ainda não cozido para baixo.

Leve a frigideira ao forno e deixe cozinhar até a temperatura interna das bistecas indicar 57 °C em um termômetro (de 7 a 9 minutos). Transfira as bistecas para uma travessa e deixe descansar por 5 a 10 minutos.

Enquanto isso, corte o limão restante em fatias.

Salpique as bistecas de porco com 1 ou 2 pitadas generosas de pimenta-do-reino e sal. Sirva com as fatias de limão-siciliano.

Bisteca à moda da Kiki's Taverna e Repolho roxo com pera e cominho
(*página* 92)

Serve 4

Lombo
com geleia de cebola ao bourbon
E XAROPE DE BORDO

Poloneses adoram lombo de porco; é o nosso filé-mignon. Selar esse corte magro na manteiga e no azeite antes de finalizá-lo no forno, em vez de simplesmente assá-lo, permite que se forme uma bela crosta. Cresci comendo isso com pêssego e maçã (geralmente, em compota). Aqui, uma geleia doce de cebola com um tantinho de álcool cumpre bem esse papel.

GELEIA DE CEBOLA AO BOURBON E XAROPE DE BORDO

2 colheres (sopa) de manteiga sem sal

1 colher (sopa) de azeite de oliva

700 g de cebola roxa em pedaços de 0,5 cm

Sal kosher (*ver nota da página 41*)

⅓ de xícara (chá) de xarope puro de bordo

¼ de xícara (chá) de bourbon

½ colher (chá) de pimenta-do-reino moída na hora

LOMBO AO ALECRIM

4 dentes de alho grandes picados finamente

Sal kosher

2 colheres (sopa) de mostarda l'ancienne

1 colher (sopa) e 1 colher (chá) de alecrim fresco picado finamente

Pimenta-do-reino moída na hora

1 colher (sopa) e 2 colheres (chá) de azeite de oliva

2 lombos de porco (450 g a 600 g)

1 colher (sopa) de manteiga sem sal

Para a geleia: em uma frigideira grande e pesada, aqueça a manteiga e o azeite em fogo médio até a manteiga derreter. Acrescente as cebolas e ¼ de colher (chá) de sal, abaixe o fogo para médio-baixo e refogue por 30 a 35 minutos, mexendo frequentemente até as cebolas ficarem bem macias e adocicadas.

Acrescente o xarope de bordo e o bourbon, aumente para fogo médio e refogue por 10 minutos, mexendo de vez em quando até o líquido evaporar e as cebolas ficarem com consistência de geleia. Tire do fogo. Adicione a pimenta-do-reino e ¼ de colher (chá) de sal e, em seguida, ajuste o tempero a gosto. Sirva quente ou em temperatura ambiente. (*A geleia pode ser feita antecipadamente. É só deixar esfriar, cobrir e manter na geladeira por até duas semanas.*)

Enquanto isso, para a carne de porco: enquanto a geleia cozinha, faça um montinho com o alho e 1 colher (chá) de sal em uma tábua. Usando uma faca do chef, amasse e pique até obter uma pasta. Transfira para uma tigela pequena. Acrescente a mostarda, o alecrim, ½ colher (chá) de pimenta-do-reino e 2 colheres (chá) de azeite de oliva.

Com uma faca de descascar, faça 12 cortes em forma de X e cerca de 0,3 cm de profundidade sobre cada um dos lombos. Esfregue-os bem com a mistura de alho, inserindo pedacinhos nos cortes.

Aqueça o forno 220 °C, com a grelha no nível do meio.

Em uma frigideira que possa ir ao forno, aqueça a manteiga e a colher (sopa) de azeite restante em fogo médio-alto até a manteiga derreter e fazer espuma. Acrescente um lombo e frite por 5 a 7 minutos, até ficar com a base marrom. Transfira para uma travessa e doure o segundo lombo. Devolva o primeiro lombo à frigideira e coloque-os com o lado dourado para cima.

Leve a frigideira ao forno e asse por 15 a 20 minutos, até um termômetro inserido na parte mais espessa da carne indicar 57 °C. Transfira os lombos para uma tábua e deixe que descansem por 10 minutos.

Corte a carne em fatias grossas e sirva com a geleia de cebola.

Serve 4

Pirulitos de cordeiro

COM CROSTA DE MACADÂMIA E AGRODOLCE

Esta receita nasceu durante umas férias de família no Havaí. Meu pai voltou do Costco,* que era o parque de diversões dele, com um pacote de costela de cordeiro e um saco imenso de macadâmias, muito comuns por lá. Sabendo que eu tinha uma semana para usar tudo (senão ele levaria as macadâmias de volta a Vermont e as deixaria no congelador por uma década), decidi fazer uma crosta com elas para o cordeiro. Cortar a costela em costeletas individuais agiliza o tempo de cozimento e permite cobri-las melhor com a mistura de macadâmias. Um agrodolce rápido – molho italiano viciante que fica incrível com qualquer carne – acrescenta aquele bem-vindo toque apimentado, equilibrando doçura e pungência.

CORDEIRO

¾ de xícara (chá) de macadâmia

2 colheres (sopa) de salsinha picada finamente

1 colher (chá) de coentro moído

Sal kosher (*ver nota da página 41*)

12 costeletas de cordeiro (cerca de 90 g cada)

2 colheres (chá) de azeite de oliva

AGRODOLCE APIMENTADO

½ xícara (chá) de mel

1 ½ colher (chá) de alecrim fresco picado finamente

1 colher (chá) de pimenta calabresa

¼ de xícara (chá) de vinagre de vinho tinto

Sal kosher

Para o cordeiro: preaqueça o forno a 200 °C, com a grelha no nível do meio.

Para fazer a crosta, espalhe as macadâmias em uma assadeira com borda e asse por 6 a 8 minutos, até ficarem levemente douradas. Transfira para uma travessa e deixe que esfriem completamente.

Coloque as macadâmias frias, a salsinha, o coentro e ⅛ de colher (chá) de sal em um processador de alimentos e bata até a mistura ficar bem picadinha. Espalhe em uma travessa grande e reserve.

Para o agrodolce: em uma panela pequena, aqueça o mel, o alecrim e a pimenta calabresa em fogo baixo até a mistura ficar morna ao toque (cerca de 3 minutos). Tire do fogo e acrescente o vinagre e 1 pitada de sal. Reserve.

---

* Clube de compras por atacado. (N. E.)

Tempere as costeletas nos dois lados com sal. Leve uma frigideira grande de ferro ou uma frigideira de grelhar ao fogo médio-alto até ficar bem quente. Pincele com o azeite e frite as costeletas até ficarem crocantes e em tom marrom (cerca de 2 minutos de cada lado), para obter o ponto malpassado. Tire as costeletas da panela, deixe que descansem por 5 minutos e, então, pressione os dois lados de cada costeleta na mistura de macadâmia.

Disponha as costeletas em uma travessa de servir e regue com o molho agrodolce.

DOCES

Bolinhas de pasta de amendoim e Nutella **234**

Cookies macios de chocolate **235**

Quadradinhos de limão-siciliano **238**

Cookies de caubói com especiarias **240**

Quadradinhos poloneses de Páscoa **244**

Eton mess de morango com pimenta rosa **246**

Pots de crème com coulis de manga **248**

Pudim de chalá com chocolate branco e framboesa **250**

Domo de mousse de framboesa **252**

Torre de melancia com gengibre **255**

Torta Pi do Jim **256**

Bolo de tabuleiro de Kansas City **259**

Bolo bundt com noz-pecã e manteiga glaceada **263**

Bolinhas de pasta de amendoim e Nutella

Rende 24 unidades

Não vou fazer rodeios aqui: a maior parte do final da minha adolescência e dos meus vinte anos eu passei chapado. No meu *affair* com a verdinha do capeta, a larica demandava o mínimo humanamente possível de esforço na cozinha. O jeito era recorrer às minhas bolinhas de pasta de amendoim e Nutella. Duas colheres, uma assadeira e um congelador são tudo o que você precisa para preparar essas belezinhas. Quase consigo sentir o gosto da minha juventude quando as preparo. Do ponto de vista romântico, esta iguaria é o casamento de duas pastas icônicas. Barras Skor* ou pretzels triturados arrematam com uma camada extra de sabor e crocância.

---

1 xícara (chá) de Nutella

½ xícara (chá) de pasta de amendoim refrigerada

¼ de xícara (chá) e 2 colheres (sopa) de pretzel salgado ou de barra Skor triturado

 DICA Uma pasta de amendoim comprada pronta funciona melhor neste preparo.

Forre uma assadeira com papel-manteiga.

Coloque a quantidade de 2 colheres (chá) de Nutella em uma outra colher (chá) e 1 colher (chá) de pasta de amendoim em uma outra colher (chá).

Gentilmente pressione a colher de Nutella contra a outra colher com a pasta de amendoim e faça um movimento como se a colher com a pasta de amendoim estivesse cavando a Nutella. Em seguida, raspe a mistura de Nutella com pasta de amendoim de volta para a colher vazia. Repita essa operação várias vezes até conseguir uma combinação das duas pastas (o nome da técnica é quenelle). O ideal é que a Nutella cubra a pasta de amendoim (é por isso que você deve refrigerar a pasta de amendoim: assim, ela fica estável, enquanto a Nutella em temperatura ambiente a envolve). Mas, se as duas pastas ficarem totalmente misturadas, sem problemas. Coloque sua bolinha na assadeira preparada e salpique cerca de ¾ de colher (chá) dos pretzels triturados. Repita até chegar a um total de 24 bolinhas.

Congele as bolinhas até a Nutella firmar (cerca de 1 hora). Coma direto do congelador.

---

* Caramelo coberto de chocolate comum nos Estados Unidos e no Canadá. (N. E.)

Rende 2 dúzias de cookies

Cookies macios de chocolate

A sobremesa clássica da minha adorada tia Leslie eram cookies bem fininhos com pedaços generosos de chocolate ao leite. Eles se mantinham frescos por vários dias. A receita dela inspirou esta versão, com uma mistura de açúcares (refinado e mascavo) que dá ao biscoito um caráter sutil de toffee de caramelo. Sirva esses cookies ainda quentes ou em temperatura ambiente, acompanhados de um copo de leite bem gelado.

---

2 xícaras (chá) de farinha de trigo

1 ¾ de colher (chá) de sal kosher (ver nota da página 41)

¾ de colher (chá) de bicarbonato de sódio

12 colheres (sopa) de manteiga sem sal derretida e completamente fria

½ xícara (chá) e 2 colheres (sopa) bem cheias de açúcar mascavo

½ xícara (chá) de açúcar refinado

1 ovo grande

1 gema de ovo grande

2 colheres (chá) de extrato puro de baunilha

310 g de chocolate ao leite de boa qualidade em pedaços de 0,6 cm a 1,2 cm

DICA Barras de chocolate ao leite variam muito em qualidade e sabor (algumas são frutadas, outras, mais doces, ou supermacias, e assim por diante). Utilize aquela cujo sabor você adora – vai funcionar perfeitamente aqui também.

Em uma tigela média, misture a farinha, o sal e o bicarbonato de sódio. Em uma outra tigela, grande, misture com a mão a manteiga e os dois açúcares, até ficarem bem incorporados. Acrescente o ovo, a gema e o extrato e misture até homogeneizarem. Adicione a farinha, o sal e o bicarbonato que estavam na outra tigela e misture apenas até combiná-los. Por fim, coloque os pedaços de chocolate. Cubra a massa e leve à geladeira, deixando por no mínimo 30 minutos, ou até de um dia para o outro. (Refrigerar a massa aprofunda os sabores e evita que os cookies se espalhem muito ao assar.) No momento de assá-los, espere a massa chegar à temperatura ambiente por 45 minutos ou até estar macia o suficiente para a modelagem.

Aqueça o forno a 160 °C, com as grelhas no nível mais alto e no nível mais baixo. Forre duas assadeiras com papel-manteiga.

Faça bolinhas com porções de 2 colheres (sopa) de massa e coloque nas assadeiras, deixando 5 cm de espaço entre cada uma. Amasse com a palma da sua mão até virarem rodelas de cerca de 1,5 cm.

Asse por 15 a 17 minutos, girando as assadeiras e mudando suas posições nas grelhas na metade do tempo, até os cookies inflarem e a parte de cima ficar com aparência de sequinha. Se preferir cookies crocantes, asse até as extremidades começarem a dourar (de 22 a 24 minutos). Deixe os biscoitos esfriarem um pouco na assadeira. Em seguida, transfira o papel-manteiga para uma grade de resfriamento.

DOCES

Quadradinhos de limão-siciliano
(*página 238*)

Rende 16 quadradinhos de 5 cm

Quadradinhos de limão-siciliano

Quando era mais novo, passei alguns verões em Knowlton, Quebec, onde minha tia Magda tinha uma casa que ela tocava como uma espécie de acampamento informal dos sobrinhos. Nossos dias despreocupados eram passados cavalgando, pintando a cara, correndo pelo quintal e, claro, comendo. A tia Magda era uma cozinheira de mão cheia que imprimia seu toque polonês em todo prato. A filha dela, Maïa, dois anos mais velha que eu e igualmente inspirada por sua mãe, era uma jovem doceira das mais empolgadas. A Maïa passava a maioria das manhãs na cozinha, preparando alguma coisa deliciosa para que nos deleitássemos depois do almoço. No nosso primeiro verão nesse "acampamento dos primos", ela estava obcecada por quadradinhos de limão-siciliano. Pura novidade para mim, eles eram docinhos e picantes, radiantes e com jeito de cookie, e eu os devorava sem moderação. Mas o que também me acertou em cheio foi a ideia de que cozinhar não é necessariamente uma chatice que alguém faz para você enquanto você está brincando lá fora. Se você gosta de cozinhar, é divertido. Hoje em dia, sempre que faço este doce – uma pequena variação da receita original da Maïa –, sou levado de volta para aquele tempo que ajudou a moldar tanto meu paladar como os meus rumos de vida. *A imagem está nas páginas 236-237.*

MASSA
1 xícara (chá) de farinha de trigo

¼ de xícara (chá) de açúcar refinado

½ colher (chá) de sal kosher (*ver nota da página 41*)

8 colheres (sopa) de manteiga sem sal derretida e ligeiramente refrigerada

CREME
2 ovos grandes

1 xícara (chá) de açúcar refinado

½ colher (chá) de fermento em pó

1 ½ a 2 colheres (sopa) de raspas bem finas de limão-siciliano

¼ de xícara (chá) de suco de limão-siciliano

Açúcar de confeiteiro para polvilhar

Sal marinho em flocos para salpicar

DICAS

Depois de obter as raspas dos limões, aqueça-os no micro-ondas por 15 a 30 segundos em intervalos de 5 a 10 segundos, pois isso ajuda a soltar o máximo de suco.

O sabor deste doce ganha profundidade de um dia para o outro, por isso o prepare com um dia de antecedência se puder.

Preaqueça o forno a 180 °C, com a grelha no nível do meio. Forre uma assadeira quadrada de 20 cm com duas folhas de papel-alumínio (o lado brilhante para cima), cruzando-as para deixar um pouco pendendo em todos os lados. Borrife ligeiramente spray culinário ou unte com manteiga.

Para a massa: em uma tigela grande, misture a farinha, o açúcar e o sal. Acrescente a manteiga derretida e misture para incorporar. Coloque a mistura na assadeira e pressione para deixar uniforme no fundo. Asse por 18 a 22 minutos, até as extremidades começarem a dourar.

Enquanto isso, faça o creme: com um mixer elétrico, bata os ovos em uma tigela média até ficarem bem incorporados. Acrescente o açúcar refinado, o fermento em pó e as raspas e o suco de limão-siciliano. Bata na potência média-alta até a mistura ficar espumosa (de 2 a 3 minutos).

Despeje o creme sobre a massa ainda quente. Devolva a assadeira ao forno e asse por 22 a 25 minutos, até a parte cremosa se acomodar. Deixe o doce esfriar completamente na assadeira sobre uma grade por pelo menos 1h30. Para obter o melhor sabor e ficar fácil de cortar, leve à geladeira por pelo menos 4 horas ou por até um dia. (*Os quadradinhos, devidamente embalados, podem ser mantidos no refrigerador por até três dias ou congelados por até um mês. Para descongelar, deixe desembalados por 1 hora em temperatura ambiente antes de consumir.*)

Para servir, corte em quadradinhos de 5 cm, polvilhe com o açúcar de confeiteiro e salpique o sal em flocos.

Rende cerca de 4 dúzias de cookies

Cookies de caubói
com especiarias

Adoro o meu colega de elenco Tan por muitos motivos, mas no topo da lista estão sua natureza indulgente e o fato de ele nunca recusar um bom cookie ou uma fatia de bolo, não importa a hora do dia. Esta variação dos cookies favoritos dele – de chocolate com gengibre – inclui notas suaves de cardamomo como um aceno à sua origem britânica e paquistanesa. Além disso, o marido do Tan é um verdadeiro caubói.

- 1 xícara (chá) de noz-pecã
- 2 xícaras (chá) de aveia em flocos grossos
- 1 ¼ de xícara (chá) de farinha de trigo
- 1 colher (chá) de bicarbonato de sódio
- ¾ de colher (chá) de sal kosher (ver *nota da página 41*)
- ½ colher (chá) de cardamomo moído
- 12 colheres (sopa) de manteiga sem sal amolecida
- 1 xícara (chá) e 3 colheres (sopa) bem cheias de açúcar demerara
- 2 ovos grandes
- 1 colher (chá) de extrato puro de baunilha
- 1 xícara (chá) de chocolate meio amargo em gotas
- ¾ de xícara (chá) de gengibre cristalizado picado grosseiramente
- ½ xícara (chá) de coco ralado não adoçado

Preaqueça o forno a 180 °C, com a grelha no nível do meio.

Espalhe as nozes-pecã em uma assadeira e leve ao forno por cerca de 8 minutos, até ficarem torradas e desprenderem os aromas. Transfira as nozes-pecãs para uma travessa. Depois que esfriarem, pique-as grosseiramente.

Em uma tigela média, misture a aveia, a farinha, o bicarbonato de sódio, o sal e o cardamomo. Com um mixer elétrico, bata a manteiga e o açúcar em uma tigela grande por 2 a 3 minutos, em velocidade média, até a mistura ficar clara e com uma consistência macia. Acrescente os ovos e a baunilha e bata até misturar, raspando as laterais da tigela uma ou duas vezes. Adicione a mistura de aveia e bata em velocidade baixa, para incorporar. Por fim, coloque as gotas de chocolate, o gengibre cristalizado, o coco e as nozes-pecãs.

Cubra a massa e leve à geladeira, deixando por no mínimo 30 minutos, ou até de um dia para o outro. (Refrigerar a massa aprofunda os sabores e evita que os cookies se espalhem muito ao assar.) Quando for assá-los, espere a massa chegar à temperatura ambiente por 45 minutos ou até estar macia o suficiente para a modelagem.

Aqueça o forno a 180 °C, com as grelhas no nível do meio e no nível mais baixo. Forre duas assadeiras com papel-manteiga.

Coloque a massa nas assadeiras em montinhos usando colheres de sopa e deixando 4 cm de espaço entre cada bolinha. Asse por aproximadamente 16 minutos, girando as assadeiras e mudando suas posições nas grelhas na metade do tempo, até as extremidades dourarem. Deixe os biscoitos nas assadeiras sobre a grade de resfriamento por 5 minutos e depois os transfira à grade, para que terminem de esfriar. Reutilize o papel-manteiga para as levas seguintes.

DOCES **241**

Quadradinhos poloneses de Páscoa (*página 244*)

Quadradinhos poloneses de Páscoa

Rende 16 quadradinhos

Este doce costuma ser servido nos lares poloneses na Páscoa, mas também já deparei com ele em algumas noites de Natal e de Ano-Novo. Há uma série de variações – que vão de limão, laranja e chocolate até castanhas trituradas –, mas a versão clássica, de caramelo, é de longe a minha favorita. Costumo fazê-la com uma base de avelãs, que conferem um sabor tostado delicioso. Decorar a cobertura de caramelo com mais avelãs, damascos secos, uvas-passas brancas e amêndoas, além de deixar os quadradinhos lindos, representa um grande sinal de respeito à terra-mãe, Polônia.
A imagem está nas páginas 242-243.

MASSA

½ xícara (chá) de avelã inteira com pele, mais 16 unidades também com pele para decorar

1 ½ xícara (chá) de farinha de trigo

¼ de xícara (chá) e 2 colheres (sopa) de açúcar refinado

½ colher (chá) de sal kosher (ver nota da página 41)

12 colheres (sopa) de manteiga sem sal derretida e fria

CAMADA INTERMEDIÁRIA

¼ de xícara (chá) de geleia de damasco

COBERTURA CARAMELO

2 xícaras (chá) de açúcar

1 xícara (chá) e 3 colheres (sopa) de creme de leite fresco em temperatura ambiente

1 colher (sopa) de manteiga sem sal

½ colher (chá) de extrato puro de baunilha

½ colher (chá) de sal kosher

FINALIZAÇÃO

2 colheres (sopa) de amêndoa laminada

7 damascos secos fatiados finamente

¼ de xícara (chá) de uva-passa branca

Para a massa: preaqueça o forno a 180 °C, com a grelha no nível do meio. Forre uma assadeira quadrada de 20 cm com duas folhas de papel-alumínio (o lado brilhante para cima), cruzando-as para deixar um pouco pendendo em todos os lados. Borrife ligeiramente spray culinário ou unte com manteiga.

Leve ao forno uma assadeira com as avelãs espalhadas e torre por 10 a 12 minutos, até desprenderem os aromas. Tire as avelãs do forno e deixe que esfriem por 10 minutos. Reserve 16 avelãs para decorar e envolva as avelãs restantes em um pano de prato limpo. Abaixe a temperatura do forno para 160 °C.

Esfregue as avelãs ainda quentes com o pano de prato para tirar a pele da maioria delas (não há problema caso as peles não saiam por inteiro). Coloque em um processador de alimentos, bata até ficarem bem picadinhas e transfira para uma tigela média.

Acrescente a farinha, o açúcar e o sal nessa tigela e misture. Adicione a manteiga derretida e esfriada e misture para obter uma massa. Coloque essa massa na assadeira preparada e pressione uniformemente contra o fundo até formar uma base de pouco mais de 0,5 cm de todos os lados. Asse por 30 a 35 minutos, até ficar ligeiramente dourada. Deixe esfriar completamente na grade de resfriamento. (A massa ficará mais firme depois disso.)

Para a camada intermediária: aqueça a geleia em uma panela pequena em fogo baixo por 1 a 2 minutos, até ficar morna ao toque e amolecer o suficiente para ser espalhada com facilidade. Pincele a geleia morna sobre a massa fria. Reserve.

Para a cobertura de caramelo: coloque o açúcar em uma panela grande e funda. Lenta e uniformemente, despeje ¼ de xícara (chá) mais 2 colheres (sopa) de água sobre o açúcar, para umedecê-lo por igual. Aqueça em fogo médio-baixo sem mexer até o açúcar adquirir um tom marrom âmbar (de 12 a 15 minutos). Se necessário, esfregue as laterais da panela com um pincel de confeitaria para remover quaisquer cristais de açúcar.

Em uma panela média, aqueça o creme de leite, a manteiga, a baunilha e o sal até o creme de leite ficar morno e a manteiga derreter. Tire do fogo.

Mais para o fim do cozimento do caramelo, gire a panela cuidadosamente para garantir que o açúcar fique caramelizado de maneira uniforme. Se em algum momento o açúcar começar a borbulhar tanto que você não consiga mais ver a cor, abaixe o fogo.

Tire a panela do fogo. Acrescente cuidadosamente a mistura de creme de leite (a mistura vai fazer bolhas), mexendo com um batedor de claras ou uma espátula de silicone para incorporar. Coloque um termômetro de confeitaria na panela e leve de volta ao fogo médio. Cozinhe o caramelo e mexa de tempos em tempos até ele chegar a 118 °C (de 4 a 6 minutos). Tire do fogo e derrame-o imediatamente sobre a massa e a geleia, inclinando a assadeira conforme necessário para espalhar o caramelo por igual. Deixe sobre a grade de resfriamento por 1 hora e, depois, leve à geladeira até o caramelo ficar firme (no mínimo mais 1 hora ou de um dia para o outro).

Para finalizar: usando as pontas do papel-alumínio, retire o doce da assadeira. Tire o papel-alumínio e corte 16 quadradinhos. Decore cada um deles com as amêndoas, os damascos, as avelãs reservadas e as uvas-passas, formando o desenho de uma flor ou outro que desejar. Os quadradinhos duram até uma semana se cobertos e refrigerados. Sirva em temperatura ambiente.

Eton mess de morango com pimenta rosa

Serve 6

Esta sobremesa é realmente uma questão de simplicidade. Uma taça de frutas perfeita que fica ainda mais perfeita com essa bagunça* imperfeita de chantilly e pedaços de suspiro. Uma baguncinha descomplicada, deliciosa e toda bonita.

SUSPIRO

2 claras de ovos grandes, em temperatura ambiente

¼ de xícara (chá) de açúcar granulado

¼ de xícara (chá) de açúcar de confeiteiro

¼ de colher (chá) de extrato puro de baunilha

¼ de colher (chá) de sal kosher (ver nota da página 41)

¼ de colher (chá) de pimenta rosa amassada

MORANGOS E CHANTILLY

900 g de morango, sem o cabinho e cortado em pedaços bons de comer (separe 6 morangos inteiros para decorar)

¾ de colher (chá) de açúcar refinado

1 ½ colher (chá) de licor de laranja, como Cointreau ou Grand Marnier (opcional; *ver a Dica*)

1 ¾ de xícara (chá) de creme de leite fresco

1 colher (sopa) de açúcar de confeiteiro

Pimenta rosa amassada para decorar

Para o suspiro: preaqueça o forno a 135 °C, com a grelha no nível do meio. Forre uma assadeira com papel-manteiga.

Com um mixer elétrico, bata as claras em uma tigela média por aproximadamente 1 minuto em velocidade média-alta, até espumar. Com o mixer ainda funcionando, acrescente lentamente o açúcar refinado e prossiga batendo até a mistura ficar brilhante, triplicar de volume e formar picos firmes (de 8 a 10 minutos). Adicione o açúcar de confeiteiro, a baunilha e o sal e bata apenas para misturar.

Usando uma espátula de silicone, incorpore a pimenta rosa. Espalhe o suspiro de maneira uniforme na assadeira, formando uma camada de pouco mais de 0,5 cm. Asse por 50 a 60 minutos, até o suspiro ficar ligeiramente dourado. Experimente tirando um pedacinho e deixando-o esfriar por 10 segundos. O ponto certo é ele estar seco e crocante por inteiro. Ele pode ainda parecer um pouco grudento, mas vai ficar mais seco ao esfriar. Retire o suspiro do forno e deixe que esfrie completamente na assadeira sobre a grade de resfriamento (cerca de 30 minutos).

Quebre o suspiro frio em pedaços pequenos. (*O suspiro pode ser feito até cinco dias antes e armazenado fora da geladeira, em ambiente sem umidade.*)

---

* Mess significa "bagunça" em inglês. Eton faz referência à Eton College, no Reino Unido, de onde a sobremesa (semelhante ao nosso merengue de morango) seria originária. (N. E.)

DICA O licor de laranja acrescenta um outro nível de sabor aos morangos, mas você também pode usar sobras de alguma bebida borbulhante (champagne, cava, prosecco) ou um pouco de outro licor de que você goste. Ou pode, simplesmente, pular essa etapa.

Para os morangos e o chantilly: em uma tigela média, misture os morangos com o açúcar refinado e o licor (caso esteja usando). Com um mixer elétrico, bata o creme de leite fresco e o açúcar de confeiteiro em uma tigela grande até se formarem picos médios.

Divida metade da mistura de morangos em seis taças ou bowls de servir. Cubra com alguns pedaços de suspiro e, em colheradas, acrescente cerca de metade do chantilly por cima. Repita com outra camada de suspiro, de morangos e de chantilly. Finalize cada taça ou bowl com um morango inteiro e 1 pitada de pimenta rosa amassada. Sirva imediatamente.

DOCES **247**

Serve 6

Pots de crème

com coulis de manga

Sobremesas individuais servidas em um potinho fofo, com sua própria tampa, são simplesmente adoráveis, e essa é a apresentação tradicional dos pots de crème (ramequins funcionam tão bem quanto). É a sobremesa que sempre escolho em todo restaurante francês desde que me entendo por gente. A base cremosa e densa de baunilha ganha aquele toque vivaz, floral e picante do coulis de manga – uma pequena variação para esse verdadeiro clássico.

POTS DE CRÈME

1 ½ xícara (chá) de creme de leite fresco

¼ de xícara (chá) e 2 colheres (sopa) de leite integral

½ colher (chá) de extrato puro de baunilha

⅛ de colher (chá) de sal kosher (*ver nota da página 41*)

5 gemas de ovos grandes

3 colheres (sopa) de açúcar refinado

COULIS DE MANGA

1 xícara (chá) de manga madura picada grosseiramente

1 colher (sopa) de suco de limão

½ colher (chá) de açúcar refinado

PARA SERVIR

⅓ de xícara (chá) de creme de leite fresco

Para os pots de crème: preaqueça o forno a 150 °C, com a grelha no nível do meio.

Em uma panela média, aqueça o creme de leite, o leite, o extrato de baunilha e o sal em fogo médio, mexendo de vez em quando até a mistura começar a fervilhar. Enquanto isso, em uma tigela média, misture vigorosamente as gemas com o açúcar até ficarem esbranquiçadas e cremosas (cerca de 4 minutos).

Tire a mistura de creme de leite do fogo e, mexendo constantemente, acrescente-a bem lentamente às gemas. Transfira a mistura para um medidor de líquidos com capacidade para 4 xícaras ou para uma jarra. Divida entre seis ramequins com capacidade de 120 mL.

Coloque os ramequins em um pirex refratário de 23 cm × 33 cm ou em uma assadeira. Adicione água fervendo apenas o suficiente para chegar à metade da parte externa dos ramequins. Cozinhe os cremes em banho-maria no forno por 30 a 35 minutos, até ficarem firmes (eles ainda devem estar um pouco moles no centro quando chacoalhados).

Tire a assadeira do forno e deixe os pots de crème esfriarem, ainda no banho-maria, por 5 minutos. Depois, transfira os ramequins para uma grade de resfriamento e deixe por aproximadamente 1 hora. Leve os ramequins ao refrigerador por no mínimo 4 horas ou de um dia para o outro. O creme vai firmar à medida que for gelando. (*Os pots de crème podem ser feitos até cinco dias antes e mantidos cobertos na geladeira.*)

Enquanto isso, para o coulis de manga: em um liquidificador ou um processador de alimentos, misture a manga, o suco de limão e o açúcar e bata até obter um purê homogêneo. Transfira para uma tigela, cubra e deixe esfriar até o momento de servir. (*O coulis pode ser preparado até 8 horas antes.*)

Para servir: retire os pots de crème com 30 minutos de antecedência. Em uma tigela pequena, bata o creme de leite fresco até obter picos suaves. Cubra os cremes com o coulis frio. Com uma colher, coloque um pouco do creme de leite batido por cima e sirva.

DOCES **249**

Serve de 6 a 8

Pudim chalá

com chocolate branco e framboesa

Eu. Amo. Pudim de pão. Amo o quanto é simples fazer o creme de ovos que encharca o chalá cortado em cubinhos adocicados e dourados. Amo que é um pouco judaico (bem, pelo menos a minha versão é). Amo o jeito como o pudim sobe um pouquinho no forno e fica ainda mais dourado. Amo o contraste da casquinha crocante com o meio cremoso, e amo especialmente o combo de chocolate branco derretido e framboesas frescas.

---

1 colher (sopa) de manteiga sem sal amolecida

2 colheres (sopa) de açúcar mascavo ou demerara

400 g de pão chalá amanhecido em cubos de 3,5 cm

270 g de framboesa fresca

3 ovos grandes

1 gema de ovo grande

½ colher (chá) de sal kosher (ver nota da página 41)

2 xícaras (chá) de leite integral

½ xícara (chá) de açúcar refinado

1 colher (chá) de extrato puro de baunilha

110 g de chocolate branco em pedaços de 0,5 cm a 1 cm

Preaqueça o forno a 190 °C, com a grelha no nível do meio. Unte uma assadeira quadrada de 20 cm (ou um refratário com capacidade de 1,5 L a 2 L) com a manteiga amolecida e, depois, polvilhe 1 colher (sopa) do açúcar mascavo ou do demerara.

Coloque os cubos de pão e as framboesas em uma tigela grande. Em uma tigela refratária média, misture os ovos, a gema de ovo e o sal.

Misture o leite, o açúcar refinado e a baunilha em uma panela grande e aqueça em fogo médio, batendo para dissolver o açúcar, só até a mistura mal começar a fervilhar. Tire do fogo.

Batendo sem parar, despeje gradualmente ⅓ da mistura de leite na mistura de ovos. Continuando a bater, despeje a mistura de ovos de volta na mistura de leite. Despeje sobre o pão e as framboesas e mexa para cobrir os cubos de pão.

Coloque toda a mistura de pão na assadeira. Salpique o chocolate branco picado, empurrando metade dos pedaços de chocolate pouco mais de 1 cm massa adentro. Polvilhe a colher (sopa) restante de açúcar mascavo ou do demerara.

Cubra a assadeira com papel-alumínio, fechando bem nas laterais, e asse por 25 minutos. Descubra a assadeira cuidadosamente, vire-a e continue assando até o pudim firmar e a parte de cima ficar dourada e crocante (mais 20 a 30 minutos).

DICA O chalá é um pão judaico fermentado enriquecido com ovos. Ele é adocicado, tem sabor amanteigado e apresenta uma textura leve e aerada, semelhante à do brioche (que pode facilmente ser usado para substituí-lo). Outros tipos que funcionam bem na receita são o pão de fôrma e o pão francês. Este é um pouco mais massudo que os demais e deixa o pudim com uma textura mais densa.

Sirva o pudim quente, recém-saído do forno. Ele fica melhor no próprio dia em que é feito, mas pode ser preparado com antecedência e mantido coberto na geladeira (refrigere depois de ele ter esfriado) por até três dias. Para reaquecê-lo, deixe 10 minutos em forno a 180 °C.

DOCES

Serve 12

Domo de mousse de framboesa

O talento da minha mãe na cozinha tem uma queda por preparos saborosos. Cozinheira incrível do dia a dia, ela admite que as sobremesas não são o seu forte. Dito isso, ela tem uma ou outra delícia na manga. Sua receita de confiança, fácil de fazer e sem erro – e a favorita da família –, é esta sobremesa. Lembro a empolgação que se formava em volta do domo sendo desenformado e o jeito como minhas irmãs e eu ficávamos olhando atentos, cheios de expectativa. Era nessa hora que ela nos deixava ajudar a criar belos padrões com frutas e chocolate que se inspiravam nos desenhos das toalhas de mesa, das cerâmicas e dos vestidos de polca bem poloneses. Agora esse domo, como eu costumo chamá-lo, é o *meu* "finale" predileto. Com interior rosado, casquinha de chocolate, framboesas pungentes e folhas frescas de hortelã, é um arraso garantido.

DOMO

680 g de framboesa congelada

½ xícara (chá) de açúcar refinado

2 colheres (sopa) de gelatina em pó sem sabor

3 xícaras (chá) de creme de leite fresco

CASCA DE CHOCOLATE

110 g de chocolate meio amargo picado grosseiramente

¼ de xícara (chá) de óleo de coco derretido

¼ de colher (chá) de sal kosher (*ver nota da página 41*)

PARA SERVIR

170 g de framboesa fresca

170 g de amora fresca

Hortelã fresca

Para o domo: forre uma tigela redonda de metal com capacidade de 2,5 L com filme plástico, cruzando dois pedaços de filme se necessário e deixando um pouco de sobra em toda a volta.

Coloque as framboesas em uma panela grande e aqueça em fogo baixo, mexendo de vez em quando até descongelarem e ficarem um pouco suculentas (cerca de 5 minutos). Transfira para uma peneira de malha fina sobre uma tigela grande e pressione para extrair todo o suco. Você deve obter cerca de

Continua...

1 ½ xícara (chá) de suco. Descarte as sementes. Acrescente o açúcar e bata bem para incorporar.

Coloque ¼ de xícara (chá) de água morna em uma panela pequena e polvilhe a gelatina. Deixe descansar por 5 minutos.

Aqueça a mistura de gelatina em fogo médio-baixo por 2 minutos, mexendo frequentemente até dissolver. Tire a gelatina do fogo e despeje no suco de framboesa com açúcar. Deixe descansar por 20 a 25 minutos, mexendo ocasionalmente até a mistura engrossar e chegar à consistência de clara de ovo crua. (Se a mistura ficar muito grossa, aqueça-a cuidadosamente em banho-maria, depois deixe esfriar e vá mexendo até atingir a consistência correta.)

Com um mixer elétrico, bata o creme de leite em uma tigela grande até formar picos médios (apenas um pouco firmes). Acrescente cerca de ¼ do chantilly à mistura de framboesas, para torná-la mais leve. Depois, adicione o restante do chantilly. Despeje a mistura na tigela redonda de inox preparada. Leve à geladeira e cubra até ficar firme (no mínimo 8 horas ou de um dia para o outro).

Quando estiver pronto para servir, faça a casca de chocolate: misture o chocolate, o óleo de coco e o sal em uma tigela refratária que vá ao micro-ondas. Leve ao micro-ondas em intervalos de 15 segundos, mexendo bem a cada intervalo até a mistura ficar uniforme (de 1 a 1 ½ minuto). Deixe esfriar até chegar à temperatura ambiente (aproximadamente 15 minutos).

Desenforme o domo em uma travessa e retire a tigela e o filme plástico. Despeje lentamente cerca de ½ xícara (chá) da mistura de chocolate sobre o domo ainda gelado, guiando e espalhando bem a cobertura sobre o domo com as costas de uma colher enquanto a despeja. Deixe descansar até o chocolate endurecer (de 5 a 10 minutos). (Se a cobertura rachar, use o restante do chocolate para completar e consertar as rachaduras.)

Para servir: decore o domo a seu gosto com um pouco de fruta fresca e hortelã.

Para cortar o domo, passe uma faca do chef grande em água morna e seque-a. Use a faca aquecida para fazer as fatias, limpando-a entre os cortes e reaquecendo-a a cada pedaço se necessário. Sirva com as frutas restantes e a hortelã.

Serve 6

Torre de melancia com gengibre

Não lembro muito bem como foi que essa ideia surgiu, mas, desde que experimentei melancia com esse beijo de gengibre e hortelã, não consigo mais comer melancia sem nada. A criança que mora dentro de mim adora cortar cubinhos do mesmo tamanho e empilhá-los feito uma torre de blocos de madeira em pratos elegantes. Esta sobremesa é refrescante, perfeita para quando você quer algo leve para encerrar uma refeição. Não importa como você prefira cortar – cubos, tirinhas, bolinhas ou algum outro formato –, funciona de qualquer jeito. Só me prometa que vai experimentar.

---

12 xícaras (chá) de cubos de 2,5 cm de melancia sem sementes (fruta de 4,5 kg)

1 colher (chá) de gengibre descascado e ralado finamente

¼ de xícara (chá) de hortelã (rasgada se as folhas forem muito grandes)

DICA Comprar gengibre bem fresco e usar um ralador bem fino são os segredos aqui. Um ralador assim revela o suco pungente do gengibre e permite que os pedacinhos se misturem melhor à melancia.

Em uma tigela grande, misture cuidadosamente os cubos de melancia com o gengibre. Em uma travessa ou em pratos de servir individuais, empilhe os cubos como uma torre de blocos de madeira e salpique a hortelã. Ou, então, apenas disponha a melancia do jeito que o fizer mais feliz e salpique a hortelã. Sirva.

DOCES 255

Serve 8

Durante os sete anos maravilhosos em que estive com meu ex-namorado, Joey, e que me abriram o coração, tínhamos o costume de comemorar cada aniversário com um doce especial. Um ano, pouco antes de eu completar vinte e alguma coisa, o pai do Joey, Jim – um confeiteiro tão bom que brincávamos que ele daria um ótimo competidor no *Bake Off Reino Unido: mão na massa* –, pediu que eu descrevesse minha sobremesa de aniversário dos sonhos. (Meu tipo de pergunta favorita, vale dizer.) Não demorei para cravar uma resposta: uma crosta de biscoito Graham coberta com uma camada de doce de leite puxado no caramelo, mais um creme de ovos e chocolate por cima e um redemoinho de suspiro dourado no forno. Poucas semanas depois, no meu aniversário, Jim e Minette, a mãe do Joey, chegaram com uma reprodução recém-preparada dessa sobremesa. Como meu aniversário é no dia 14 de março – dia do Pi –, ela acabou sendo batizada de Torta Pi do Jim. Comi metade dela naquela mesma noite. É mesmo a melhor torta com que você pode sonhar.

CROSTA

4 xícaras (chá) de Graham Crackers* trituradas

2 colheres (sopa) bem cheias de açúcar mascavo

1 colher (sopa) de farinha de trigo

½ colher (chá) de sal kosher (ver nota da página 41)

7 colheres (sopa) de manteiga sem sal derretida

RECHEIO

140 g de chocolate meio amargo picado finamente

110 g de chocolate sem açúcar picado finamente

1 xícara (chá) de açúcar refinado

6 gemas de ovos grandes

½ xícara (chá) de amido de milho

¾ de colher (chá) de chá de sal kosher

4 ½ xícaras (chá) de leite integral

3 colheres (sopa) de manteiga sem sal amolecida, em pedacinhos

1 colher (chá) de extrato puro de baunilha

380 g de doce de leite

SUSPIRO

4 claras de ovos grandes em temperatura ambiente

⅛ de colher (chá) de cremor tártaro

¼ de xícara (chá) e 2 colheres (sopa) de açúcar refinado

---

* Biscoito tradicional nos Estados Unidos, produzido com a "farinha Graham" (a qual é semelhante à farinha de trigo integral), com sabores de canela e mel. Existem receitas na internet, pois é bastante difícil encontrar produto igual nos mercados brasileiros. (N. E.)

Continua...

Para a crosta: preaqueça o forno a 180 °C, com a grelha no nível do meio.

Coloque os biscoitos Graham em um processador de alimentos. Acrescente o açúcar mascavo, a farinha e o sal e bata até obter um farelo bem fino. Com o aparelho ainda funcionando, acrescente a manteiga derretida e continue processando até incorporar. Transfira a mistura para uma assadeira de torta de 23 cm e pressione contra a base, subindo um pouco pelos lados. Leve ao congelador por 10 minutos.

Coloque a assadeira de torta sobre uma assadeira e deixe no forno por 10 a 12 minutos, girando a assadeira uma vez na metade do tempo, até a crosta ficar firme. Coloque sobre uma grade de resfriamento e aguarde 15 minutos.

Para o recheio: em uma tigela refratária colocada sobre uma panela com água fervilhando ligeiramente (a tigela não deve tocar a água), derreta os chocolates, mexendo até homogeneizarem. Tire a tigela do fogo.

Em uma panela média, misture o açúcar, as gemas, o amido de milho e o sal, para incorporar bem. Batendo sem parar, acrescente o leite lentamente. Continuando a bater, leve a mistura a ponto de fervura em fogo médio. Abaixe o fogo para deixar fervilhando e deixe cozinhar, mexendo constantemente até o creme de ovos engrossar (de 1 a 2 minutos).

Coloque uma peneira de malha fina sobre uma tigela e coe o creme. Acrescente e vá batendo o chocolate derretido, a manteiga e a baunilha até homogeneizar. Cubra a superfície do creme de ovos e chocolate com filme plástico (para impedir que se forme uma pele) e deixe esfriar completamente (cerca de 1 hora).

Despeje o doce de leite na crosta, espalhando-o para cobri-la. Despeje o recheio de chocolate por cima. Deixe a torta esfriar, coberta, por pelo menos 6 horas, ou de um dia para o outro.

Para o suspiro: preaqueça o forno a 260 °C, com a grelha no nível do meio.

Com um mixer elétrico, bata as claras e o cremor tártaro em uma tigela grande por aproximadamente 3 minutos em velocidade média até ficarem espumosos. Com o mixer na velocidade média-alta, acrescente o açúcar lentamente e continue batendo até o suspiro firmar, formando picos lustrosos (mais 2 ou 3 minutos).

Disponha o suspiro em redemoinho sobre a torta, certificando-se de espalhar bem sobre as extremidades da crosta para cobrir completamente o recheio. Para tostar o suspiro, coloque a torta no grill do forno e asse até o suspiro ficar dourado em alguns pontos (aproximadamente 3 minutos), observando de perto para evitar que queime. Como alternativa, você pode usar um maçarico culinário.

Corte a torta em fatias e sirva. Este doce fica melhor no próprio dia em que é preparado, mas, se quiser guardá-lo, coloque alguns palitos de dente no suspiro a uns 3 cm ou 5 cm das extremidades e cubra com filme plástico não muito esticado. A torta pode ficar na geladeira por até dois dias.

Serve de 12 a 15

Bolo de tabuleiro de Kansas City

Beth Barden, uma bem-sucedida dona de restaurante em Kansas City, no Missouri, que acabou fazendo o *catering* do *Queer eye* por lá, adora brincar com clássicos norte-americanos, como o bolo de tabuleiro. Esta é uma das suas melhores receitas. É um bolo simplesmente perfeito para um grande número de pessoas, e sempre me faz pensar em aniversários infantis. A ricota batida alivia um pouco o açúcar da cobertura desta versão com coco, que é completada com lascas de coco sem economia. *A imagem está na página 261.*

BOLO

½ xícara (chá) de óleo de coco não refinado, derretido e esfriado, mais um pouco para untar a assadeira

2 ½ xícaras (chá) de farinha de trigo

2 colheres (chá) de fermento em pó

½ colher (chá) de sal kosher (ver nota da página 41)

1 xícara (chá) de leite de coco (agite bem antes de medir)

½ xícara (chá) de iogurte grego desnatado integral

1 ½ colher (sopa) de raspas bem finas de limão-siciliano

1 colher (sopa) de suco de limão-siciliano

1 colher (chá) de extrato puro de baunilha

1 ½ xícara (chá) de açúcar refinado

8 colheres (sopa) de manteiga sem sal amolecida

4 ovos grandes em temperatura ambiente

1 xícara (chá) de coco ralado adoçado

COBERTURA DE CHANTILLY COM COCO

2 xícaras (chá) de lascas de coco não adoçadas

420 g de ricota light

½ xícara (chá) de açúcar de confeiteiro

2 xícaras (chá) de creme de leite fresco

½ colher (chá) de extrato puro de baunilha

DICA

Certifique-se de usar óleo de coco não refinado nesta receita. O refinado perde o sabor com toque de castanha.

Para o bolo: preaqueça o forno a 180 °C, com a grelha no nível do meio. Unte uma forma de 23 cm × 33 cm com o óleo de coco.

Continua...

Em uma tigela média, misture a farinha, o fermento em pó e o sal. Em outra tigela média, coloque o leite de coco, o iogurte, as raspas e o suco de limão-siciliano e o extrato de baunilha. Mexa.

Com um mixer elétrico, bata o óleo de coco, o açúcar e a manteiga em uma tigela grande por aproximadamente 3 minutos em velocidade média, raspando os lados de tempos em tempos, até obter um creme uniforme. Acrescente um ovo de cada vez, batendo bem depois de adicioná-los. Despeje a mistura de leite de coco e bata para incorporar (cerca de 2 minutos; a mistura pode parecer talhada). Reduza para velocidade baixa e acrescente a mistura de farinha em duas levas, mexendo apenas o suficiente para homogeneizar. Acrescente o coco com uma espátula de silicone, incorporando-o bem.

Despeje a massa na assadeira preparada e espalhe-a uniformemente com a espátula. Asse o bolo por 35 a 40 minutos, girando a assadeira na metade desse tempo, até ficar ligeiramente dourado por cima e quando, ao colocar um palito de dente no centro do bolo, o palito sair limpo. Tire do forno e deixe esfriar completamente na assadeira sobre uma grade de resfriamento. (Mantenha o forno aceso.)

Enquanto isso, faça a cobertura: espalhe as lascas de coco em uma só camada em uma assadeira e asse por 5 a 7 minutos, até ficar dourado e os aromas se desprenderem. Deixe esfriar completamente na assadeira sobre uma grade de resfriamento.

Com um mixer elétrico, bata a ricota e o açúcar de confeiteiro em uma tigela grande por 3 a 5 minutos em velocidade média-alta, até o açúcar se dissolver e o queijo ficar cremoso. Acrescente o creme de leite e a baunilha e bata até formar picos suaves (cerca de 3 minutos). Adicione cuidadosamente 1 xícara (chá) do coco tostado. Cubra esse creme e deixe esfriar até firmar um pouco (no mínimo 30 minutos e no máximo 4 horas). Reserve o restante do coco.

Espalhe a cobertura sobre o bolo. Salpique o restante do coco tostado. Corte o bolo em pedaços e sirva. Este doce pode ser mantido coberto na geladeira por até três dias.

Bolo bundt

com noz-pecã e manteiga glaceada

Serve de 8 a 10

Este bolo para comer com café reúne a clássica farofa doce com a textura leve de um bolo de azeite de oliva, acrescentando uma cobertura de manteiga glaceada que escorre pelos lados. Cai bem no café da manhã, no brunch ou no meio da tarde.

FAROFA

170 g de noz-pecã picada finamente

½ xícara (chá) bem cheia de açúcar mascavo

1 colher (sopa) de canela em pó

½ colher (chá) de sal kosher (*ver nota da página 41*)

3 colheres (sopa) de manteiga sem sal derretida e fria

BOLO

2 xícaras (chá) de farinha de trigo

2 colheres (chá) de fermento em pó

1 colher (chá) de sal kosher

1 ¼ de xícara (chá) de açúcar refinado

3 ovos grandes em temperatura ambiente

1 colher (sopa) de raspas bem finas de limão-siciliano

1 xícara (chá) de azeite de oliva extravirgem

⅔ de xícara (chá) de sour cream (*ver nota da página 47*)

COBERTURA

3 colheres (sopa) de manteiga sem sal

¾ de xícara (chá) e 2 colheres (sopa) de açúcar de confeiteiro

1 colher (chá) de extrato puro de baunilha

2 a 3 colheres (sopa) de leite integral

Para a farofa: preaqueça o forno a 180 °C, com a grelha no nível do meio.

Espalhe as nozes-pecã em uma assadeira e torre por aproximadamente 5 minutos, até desprenderem os aromas. Transfira para uma travessa e deixe esfriar completamente. (Mantenha o forno aceso.)

Em uma tigela grande, misture as nozes-pecãs com o açúcar mascavo, a canela e o sal, desmanchando eventuais pelotas de açúcar com os dedos. Acrescente a manteiga, para incorporar.

Para o bolo: unte e enfarinhe uma fôrma para bolo bundt antiaderente e com capacidade para 10 xícaras (chá).

Continua...

DOCES

Em uma tigela média, misture a farinha, o fermento em pó e o sal. Em uma tigela grande, coloque o açúcar, os ovos e as raspas de limão-siciliano e mexa rapidamente até o açúcar se dissolver quase por inteiro e a mistura ficar clara e espumosa (cerca de 2 minutos). Acrescente e vá mexendo, sempre rápido, o azeite de oliva e o creme azedo. Usando uma espátula de silicone, adicione a mistura de farinha e prossiga até a massa ficar uniforme e sem qualquer grumo de farinha.

Despeje ⅓ da massa na fôrma preparada. Sobre essa camada de massa, coloque metade da farofa. Bata cuidadosamente a assadeira em uma superfície, para a massa assentar. Repita com metade da massa restante e todo o resto da farofa. Termine as camadas com o que restou de massa, alise o topo e bata cuidadosamente a assadeira em uma superfície uma última vez, para a massa assentar. Asse por 45 a 50 minutos, girando a assadeira na metade desse tempo, até as extremidades do bolo descolarem das laterais e o bolo, após um toque suave, retornar à sua forma.

Deixe o bolo esfriar na assadeira sobre uma grade de resfriamento por 15 minutos e, em seguida, desenforme-o cuidadosamente sobre a grade. Deixe esfriar por completo (cerca de 2 horas).

Para a cobertura: aqueça a manteiga por 4 a 6 minutos em uma panela pequena em fogo médio, mexendo até derreter e ficar com um tom marrom dourado. Transfira a manteiga imediatamente para uma tigela refratária, deixando a maior parte dos pedacinhos de cor marrom na panela. Acrescente o açúcar de confeiteiro, a baunilha e 2 colheres (sopa) de leite e misture até ficar uniforme. Acrescente mais leite caso precise afinar um pouco mais a cobertura e chegar a uma consistência boa para ser despejada.

Despeje a cobertura sobre o bolo. Deixe a cobertura firmar (cerca de 15 minutos) antes de servir.

 Este bolo fica ainda melhor depois de descansar por um dia, sem a manteiga glaceada e mantido coberto em temperatura ambiente. Coloque a cobertura no dia em que for servir.

Índice

Nota: referências de página em *itálico* indicam as fotografias.

A

abacaxi
    espetinhos de abacaxi e camarão com molho verde, 210-211, *211*
abóbora
    torta com abóbora e calda de missô, 70-71, *73*
açafrão
    dip de lagosta com ervas e açafrão, 58, *59*
    tahdig com batata, açafrão e cúrcuma, 154-156, *155*
alcachofra
    dip de alcachofra e queijo com limão-siciliano e alecrim, 52, *53*
alcaparra
    vieiras com manteiga de cenoura e alcaparras, 208, *209*
alecrim
    azeitonas quentes com ervas e amêndoas, 38, *39*
    dip de alcachofra e queijo com limão-siciliano e alecrim, 52, *53*
    lombo com geleia de cebola ao bourbon e xarope de bordo, 228-229
alho assado sem pressa com pepitas de queijo e mel, 48
aliche
    salada Caesar de couve grelhada, 76-77, *77*
    salada romana com ervilha, 78, *79*
almôndegas de peru em molho aveludado, 190-191
amêndoa
    azeitonas quentes com ervas e amêndoas, 38, *39*
    o petisco perfeito – tâmaras com queijo azul, amêndoa e prosciutto, 36, *37*
    quadradinhos poloneses de Páscoa, *242-243*, 244-245
    salada de pêssego grelhado com tomate e amêndoa, 80, *81*
    steaks de couve-flor com cúrcuma e amêndoa, 97, *98-99*
arroz
    chili malaio com camarão, *214*, 215
    risoto de champagne e limão-siciliano, 152-153
    sartù di riso – arroz de forno com tomate, manjericão e mozzarella, 157-159, *158*
    tahdig com batata, açafrão e cúrcuma, 154-156, *155*
aspargos com ovos moles, 88, *89*
avelã
    quadradinhos poloneses de Páscoa, *242-243*, 244-245
    ricota com cogumelo em conserva, avelã torrada e mel, 62, *63-64*
azeite de oliva
    bolo bundt com noz-pecã e manteiga glaceada, *262*, 263-264
    melancia marinada em azeite e pimenta com halloumi, 60, *61*
azeitonas quentes com ervas e amêndoas, 38, *39*

B

bacon
    aspargos com ovos moles, 88, *89*
    boeuf bourguignon com pastinaca e conhaque, 134-136, *135*
    ensopado polonês em novo estilo (bigos revisitado), 137-139, *138*
    salada de batata na gordura de pato com molho de mostarda, 84-85
    zurek – a sopa polonesa antirressaca, 124-127, *125*
batata
    batata rústica com tempero de Montreal, 105
    batatinhas com manteiga e endro, 104
    latkes à francesa com creme azedo de cebolinha, 108, *109*
    palitos de batata-doce com chimichurri, 106-107, *107*
    poutine *hi-lo*, 66, *67*
    purê de pastinaca e batata com manteiga e cebolinha, 103
    salada de batata na gordura de pato com molho de mostarda, 84-85
    tahdig com batata, açafrão e cúrcuma, 154-156, *155*
    tigela de farro com batata-doce, rúcula e frango, 172-173
batata-doce
    palitos de batata-doce com chimichurri, 106-107, *107*
    tigela de farro com batata-doce, rúcula e frango, 172-173
bife do vazio com limão tostado, chili e ervas, 200, *201*
boeuf bourguignon com pastinaca e conhaque, 134-136, *135*

bolo
> bolo bundt com noz-pecã e manteiga glaceada, *262*, 263-264
> bolo de tabuleiro de Kansas City, 259-260, *261*

bolo de carne de peru com recheio de cheddar, 222-223, *223*

bourbon
> lombo com geleia de cebola ao bourbon e xarope de bordo, 228-229

bucatini Cacio e Pepe, 147

C

café da manhã australiano em versão para o jantar, 162, *163*

camarão
> chili malaio com camarão, *214*, 215
> espetinhos de abacaxi e camarão com molho verde, 210-211, *211*

canapés dos Porowski dos anos 1990, *44*, 45

caranguejo
> king crab com manteiga de estragão e limão-siciliano, 212

carne bovina
> bife do vazio com limão tostado, chili e ervas, 200, *201*
> boeuf bourguignon com pastinaca e conhaque, 134-136, *135*
> filé regado com manteiga, 224

carne de porco
> bisteca à moda da Kiki's Taverna, 225-226, *227*
> ensopado polonês em novo estilo (bigos revisitado), 137-139, *138*
> lombo com geleia de cebola ao bourbon e xarope de bordo, 228-229
> *ver também* bacon; prosciutto; linguiça

cebola
> fajitas de frigideira com frango, *182-183*, 184-185
> fígado de galinha com molho de pimenta e cebola tostada, 221
> lombo com geleia de cebola ao bourbon e xarope de bordo, 228-229
> sopa de 5 cebolas com chalotas crocantes, 122-123

> torta com cebola roxa tostada e crème fraîche, 69, *70-71*

cebolinha
> latkes à francesa com creme azedo de cebolinha, *108*, 109
> omelete francesa com queijo e cebolinha, 164-165, *165*
> purê de pastinaca e batata com manteiga e cebolinha, 103
> rabanetes com manteiga de pimenta rosa e cebolinha, *54*, 55

cenoura
> cenouras assadas com pesto das próprias folhas, 94-95, *95*
> fitas de cenoura com gengibre, salsinha e tâmara, 86, *87*
> vieiras com manteiga de cenoura e alcaparras, *208*, 209

cerveja preta
> chili de peru com cerveja preta e chocolate, *128*, 129-130

chili de peru com cerveja preta e chocolate, *128*, 129-130

chili malaio com camarão, *214*, 215

chimichurri
> palitos de batata-doce com chimichurri, 106-107, *107*

chlodnik – sopa fria de beterraba com picles, 117, *118-119*

chocolate
> bolinhas de pasta de amendoim e Nutella, 234
> chili de peru com cerveja preta e chocolate, *128*, 129-130
> cookies de caubói com especiarias, 240-241

cookies macios de chocolate, 235
> domo de mousse de framboesa, 252-254, *253*
> pudim de chalá com chocolate branco e framboesa, 250-251
> torta Pi do Jim, 256-258, *257*

chucrute
> ensopado polonês em novo estilo (bigos revisitado), 137-139, *138*
> kielbasa à polonesa, 199

coco
> bolo de tabuleiro de Kansas City, 259-260, *261*
> cookies de caubói com especiarias, 240-241

coentro
> chili malaio com camarão, *214*, 215
> frango desfiado com coentro e limão, 189
> masala de amendoim da Reema, *40*, 41
> milho de verão com chorizo e coentro, 100, *101*
> tacos de peixe com maionese de chipotle, *178*, 179-180

cookies de caubói com especiarias, 240-241

cookies e quadradinhos
> cookies de caubói com especiarias, 240-241
> cookies macios de chocolate, 235
> quadradinhos de limão-siciliano, *236-237*, 238-239
> quadradinhos poloneses de Páscoa, *242-243*, 244-245

cordeiro
> massa à bolonhesa marroquina, 195-196, *197*
> pirulitos de cordeiro com crosta de macadâmia e agrodolce, 230-231, *231*

couve-flor
> "arroz" de couve-flor com parmigiano, 96
> steaks de couve-flor com cúrcuma e amêndoa, 97, *98-99*

couves-de-bruxelas com chips de prosciutto, 90, *90-91*

cozidos
> boeuf bourguignon com pastinaca e conhaque, 134-136, *135*
> ensopado polonês em novo estilo (bigos revisitado), 137-139, *138*
> fesenjan – cozido de frango com romã e nozes, 131-133, *132*

crosta de torta alsaciana, 69

cúrcuma
> masala de amendoim da Reema, *40*, 41
> steaks de couve-flor com cúrcuma e amêndoa, 97, *98-99*
> tahdig com batata, açafrão e cúrcuma, 154-156, *155*

D

damasco
> masala de grão-de-bico, 167
> quadradinhos poloneses de Páscoa, *242-243*, 244-245

ÍNDICE **267**

dips
- dip de alcachofra e queijo com limão-siciliano e alecrim, 52, 53
- dip de lagosta com ervas e açafrão, 58, 59
- queso blanco do Jonny, 56, 57
- ricota com cogumelo em conserva, avelã torrada e mel, 62, 63-64

E

endro
- batatinhas com manteiga e endro, 104
- chlodnik – sopa fria de beterraba com picles, 117, 118-119

erva-doce
- frico apimentado de erva-doce, 65
- salada do sul da Itália/invernos frios em Nova York, 82, 83

ervas
- bife do vazio com limão tostado, chili e ervas, 200, 201
- macarrão com queijo, ervas e ervilhas, 146

ervilha
- ervilhas tenras com manteiga e hortelã, 102
- macarrão com queijo, ervas e ervilhas, 146
- salada romana com ervilha, 78, 79

Eton mess de morango com pimenta rosa, 246-247, 247

F

fajitas de frigideira com frango, 182-183, 184-185

farro
- tigela de farro com batata-doce, rúcula e frango, 172-173

fava com atum em molho picante de tomate, 171

fesenjan – cozido de frango com romã e nozes, 131-133, 132

framboesa
- domo de mousse de framboesa, 252-254, 253
- pudim de chalá com chocolate branco e framboesa, 250-251

frango
- fajitas de frigideira com frango, 182-183, 184-185
- fígado de galinha com molho de pimenta e cebola tostada, 221
- frango à milanesa com salada de tomatinho, 186, 186-187
- frango com pimenta e xarope de bordo, 216, 217
- frango desfiado com coentro e limão, 189
- souvlaki do Arahova, 218-220, 219
- tigela de farro com batata-doce, rúcula e frango, 172-173

frico apimentado de erva-doce, 65

frutos do mar
- chili malaio com camarão, 214, 215
- espetinhos de abacaxi e camarão com molho verde, 210-211, 211
- king crab com manteiga de estragão e limão-siciliano, 212
- vieiras com manteiga de cenoura e alcaparras, 208, 209

G

gengibre
- cookies de caubói com especiarias, 240-241
- fitas de cenoura com gengibre, salsinha e tâmara, 86, 87
- sopa de abóbora assada com gengibre e limão, 120-121
- torre de melancia com gengibre, 255

grãos
- chili de peru com cerveja preta e chocolate, 128, 129-130
- fava com atum em molho picante de tomate, 171
- kafta de peru com homus e salada de pepino amassado, 192, 193-194
- masala de grão-de-bico, 167

H

homus
- kafta de peru com homus e salada de pepino amassado, 192, 193-194

hortelã
- ervilhas tenras com manteiga e hortelã, 102

I

iogurte
- cenouras assadas com pesto das próprias folhas, 94-95, 95
- salada de batata na gordura de pato com molho de mostarda, 84-85
- salmão com pele crocante e molho de raiz-forte, 174-175, 175
- souvlaki do Arahova, 218-220, 219
- tigela de farro com batata-doce, rúcula e frango, 172-173

J

jícama com limão e Tajín, 43

K

kafta de peru com homus e salada de pepino amassado, 192, 193-194

kielbasa à polonesa, 199

king crab com manteiga de estragão e limão-siciliano, 212

L

lagosta
- dip de lagosta com ervas e açafrão, 58, 59

laranja
- salada do sul da Itália/invernos frios em Nova York, 82, 83

latkes à francesa com creme azedo de cebolinha, 108, 109

lentilhas beluga picantes, 110

limão
- bife do vazio com limão tostado, chili e ervas, 200, 201
- espetinhos de abacaxi e camarão com molho verde, 210-211, 211
- fígado de galinha com molho de pimenta e cebola tostada, 221
- frango desfiado com coentro e limão, 189
- jícama com limão e Tajín, 43
- masala de amendoim da Reema, 40, 41
- sopa de abóbora assada com gengibre e limão, 120-121

limão-siciliano
- bisteca à moda da Kiki's Taverna, 225-226, 227

268 ÍNDICE

dip de alcachofra e queijo com limão-siciliano e alecrim, 52, 53
dip de lagosta com ervas e açafrão, 58, 59
king crab com manteiga de estragão e limão-siciliano, 212
massa com linguiça, limão-siciliano e salsinha, 150-151, *151*
pargo assado com limão-siciliano e ervas, 204-205, 206-207
quadradinhos de limão-siciliano, *236-237*, 238-239
risoto de champagne e limão-siciliano, 152-153

linguiça
ensopado polonês em novo estilo (bigos revisitado), 137-139, *138*
kielbasa à polonesa, 199
massa com linguiça, limão-siciliano e salsinha, 150-151, *151*
milho de verão com chorizo e coentro, 100, *101*
queso blanco do Jonny, 56, 57
zurek – a sopa polonesa antirressaca, 124-127, *125*

M

macarrão com queijo, ervas e ervilhas, 146
macarrão de forno com queijo e peru, 142-143, *144-145*
manga
manga verde com pimenta, açúcar e sal, *42*, 43
pots de crème com coulis de manga, *248*, 248-249
manteiga
filé regado com manteiga, 224
rabanetes com manteiga de pimenta rosa e cebolinha, *54*, 55
masala de amendoim da Reema, *40*, 41
masala de grão-de-bico, 167
massa
bucatini Cacio e Pepe, 147
macarrão com queijo, ervas e ervilhas, 146
macarrão de forno com queijo e peru, 142-143, *144-145*
massa à bolonhesa marroquina, 195-196, *197*

massa com linguiça, limão-siciliano e salsinha, 150-151, *151*
salada de macarrão com picles de uva, 148, *149*

mel
alho assado sem pressa com pepitas de queijo e mel, 48
bisteca à moda da Kiki's Taverna, 225-226, *227*
pirulitos de cordeiro com crosta de macadâmia e agrodolce, 230-231, *231*
ricota com cogumelo em conserva, avelã torrada e mel, *62*, 63-64

melancia
melancia marinada em azeite e pimenta com halloumi, 60, *61*
torre de melancia com gengibre, 255

milho
milho de verão com chorizo e coentro, 100, *101*
salada de macarrão com picles de uva, 148, *149*

missô
torta com abóbora e calda de missô, *70-71*, 73
molho à bolonhesa de cordeiro, *196*, 197
morango
Eton mess de morango com pimenta rosa, 246-247, *247*
mousse
domo de mousse de framboesa, 252-254, *253*

N

noz-pecã
bolo bundt com noz-pecã e manteiga glaceada, *262*, 263-264
cookies de caubói com especiarias, 240-241

O

omelete francesa com queijo e cebolinha, 164-165, *165*
ovos
aspargos com ovos moles, 88, *89*
café da manhã australiano em versão para o jantar, *162*, 163

chlodnik – sopa fria de beterraba com picles, 117, *118-119*
omelete francesa com queijo e cebolinha, 164-165, *165*
ramen bastardo, 114-116, *115*
zurek – a sopa polonesa antirressaca, 124-127, *125*

P

pargo assado com limão-siciliano e ervas, 204-205, 206-207
parmigiano reggiano
alho assado sem pressa com pepitas de queijo e mel, 48
"arroz" de couve-flor com parmigiano, 96
cenouras assadas com pesto das próprias folhas, 94-95, *95*
dip de lagosta com ervas e açafrão, 58, 59
frango à milanesa com salada de tomatinho, *186*, 186-187
frico apimentado de erva-doce, 65
macarrão com queijo, ervas e ervilhas, 146
risoto de champagne e limão--siciliano, 152-153
salada Caesar de couve grelhada, 76-77, *77*
pasta de amendoim
bolinhas de pasta de amendoim e Nutella, 234
pastinaca
boeuf bourguignon com pastinaca e conhaque, 134-136, *135*
purê de pastinaca e batata com manteiga e cebolinha, 103
zurek – a sopa polonesa antirressaca, 124-127, *125*
peixe
fava com atum em molho picante de tomate, 171
pargo assado com limão-siciliano e ervas, 204-205, 206-207
peixe-espada com polenta e tomate assado, 176-177, *177*
salmão com pele crocante e molho de raiz-forte, 174-175, *175*
tacos de peixe com maionese de chipotle, *178*, 179-180

ÍNDICE **269**

tartines de arenque com maçã-
-verde e lâminas de rabanete, *46, 47*
peixe-espada com polenta e tomate
assado, 176-177, *177*
pepino
    chlodnik – sopa fria de beterraba
com picles, 117, *118-119*
    kafta de peru com homus e salada
de pepino amassado, *192*, 193-194
    souvlaki do Arahova, 218-220, *219*
pera
    repolho roxo com pera e cominho, 92
peru
    almôndegas de peru em molho
aveludado, 190-191
    bolo de carne de peru com recheio
de cheddar, 222-223, *223*
    chili de peru com cerveja preta e
chocolate, *128*, 129-130
    kafta de peru com homus e salada
de pepino amassado, *192*, 193-194
    macarrão de forno com queijo e
peru, 142-143, *144-145*
picles
    chlodnik – sopa fria de beterraba
com picles, 117, *118-119*
    zurek – a sopa polonesa
antirressaca, 124-127, *125*
pimenta
    bife do vazio com limão tostado,
chili e ervas, *200*, 201
    espetinhos de abacaxi e camarão
com molho verde, 210-211, *211*
    fajitas de frigideira com frango, *182-
183*, 184-185
    frango com pimenta e xarope de
bordo, 216, *217*
    queso blanco do Jonny, 56, *57*
    tacos de peixe com maionese de
chipotle, *178*, 179-180
pimenta rosa
    Eton mess de morango com
pimenta rosa, 246-247, *247*
    rabanetes com manteiga de
pimenta rosa e cebolinha, 54, *55*
pirulitos de cordeiro com crosta de
macadâmia e agrodolce, 230-231, *231*
pots de crème com coulis de manga, *248*,
248-249
poutine *hi-lo*, 66, *67*

prosciutto
    couves-de-bruxelas com chips de
prosciutto, 90, *90-91*
    o petisco perfeito – tâmaras com
queijo azul, amêndoa e prosciutto,
36, *37*
    queijo quente para dias chuvosos
com bisque de tomate, 168-170, *169*
    torta com alho-porrô derretido,
gruyère e prosciutto, *70-71*, 72
pudim de chalá com chocolate branco e
framboesa, 250-251

Q

quadradinhos de limão-siciliano, *236-237*,
238-239
quadradinhos poloneses de Páscoa, *242-
243*, 244-245
queijo
    aula rápida de tábua de queijos, 49,
50-51
    bolo de carne de peru com recheio
de cheddar, 222-223, *223*
    bucatini Cacio e Pepe, 147
    canapés dos Porowski dos anos
1990, *44*, 45
    dip de alcachofra e queijo com
limão-siciliano e alecrim, 52, *53*
    dip de lagosta com ervas e açafrão,
58, *59*
    latkes à francesa com creme azedo
de cebolinha, *108*, 109
    macarrão com queijo, ervas e
ervilhas, 146
    macarrão de forno com queijo e
peru, 142-143, *144-145*
    melancia marinada em azeite e
pimenta com halloumi, 60, *61*
    o petisco perfeito – tâmaras com
queijo azul, amêndoa e prosciutto,
36, *37*
    omelete francesa com queijo e
cebolinha, 164-165, *165*
    poutine *hi-lo*, 66, *67*
    queijo quente para dias chuvosos
com bisque de tomate, 168-170, *169*
    queso blanco do Jonny, 56, *57*
    ricota com cogumelo em conserva,
avelã torrada e mel, 62, *63-64*
    salada de macarrão com picles de
uva, 148, *149*

    sartù di riso – arroz de forno com
tomate, manjericão e mozzarella,
157-159, *158*
    torta com alho-porrô derretido,
gruyère e prosciutto, *70-71*, 72
queijo quente para dias chuvosos com
bisque de tomate, 168-170, *169*
queso blanco do Jonny, 56, *57*

R

rabanete
    chlodnik – sopa fria de beterraba
com picles, 117, *118-119*
    rabanetes com manteiga de
pimenta rosa e cebolinha, 54, *55*
    tartines de arenque com maçã-
-verde e lâminas de rabanete, *46, 47*
raiz-forte
    salmão com pele crocante e molho
de raiz-forte, 174-175, *175*
    zurek – a sopa polonesa
antirressaca, 124-127, *125*
ramen bastardo, 114-116, *115*
repolho
    ensopado polonês em novo estilo
(bigos revisitado), 137-139, *138*
    repolho roxo com pera e cominho, 92
    tacos de peixe com maionese de
chipotle, *178*, 179-180
ricota com cogumelo em conserva, avelã
torrada e mel, 62, *63-64*
risoto de champagne e limão-siciliano,
152-153
romã
    fesenjan – cozido de frango com
romã e nozes, 131-133, *132*
rúcula
    frango à milanesa com salada de
tomatinho, *186*, 186-187
    macarrão de forno com queijo e
peru, 142-143, *144-145*
    tigela de farro com batata-doce,
rúcula e frango, 172-173

S

saladas
    fitas de cenoura com gengibre,
salsinha e tâmara, 86, *87*
    frango à milanesa com salada de
tomatinho, *186*, 186-187

kafta de peru com homus e salada de pepino amassado, *192*, 193-194
salada Caesar de couve grelhada, 76-77, *77*
salada de batata na gordura de pato com molho de mostarda, 84-85
salada de macarrão com picles de uva, 148, *149*
salada de pêssego grelhado com tomate e amêndoa, 80, *81*
salada do sul da Itália/invernos frios em Nova York, 82, *83*
salada romana com ervilha, 78, *79*
salmão com pele crocante e molho de raiz-forte, 174-175, *175*
salsinha
    fitas de cenoura com gengibre, salsinha e tâmara, 86, *87*
    massa com linguiça, limão-siciliano e salsinha, 150-151, *151*
    palitos de batata-doce com chimichurri, 106-107, *107*
sanduíches
    café da manhã australiano em versão para o jantar, 162, *163*
    queijo quente para dias chuvosos com bisque de tomate, 168-170, *169*
sartù di riso – arroz de forno com tomate, manjericão e mozzarella, 157-159, *158*
sopas
    chlodnik – sopa fria de beterraba com picles, 117, *118-119*
    queijo quente para dias chuvosos com bisque de tomate, 168-170, *169*
    ramen bastardo, 114-116, *115*
    sopa de 5 cebolas com chalotas crocantes, 122-123
    sopa de abóbora assada com gengibre e limão, 120-121
    zurek – a sopa polonesa antirressaca, 124-127, *125*
souvlaki do Arahova, 218-220, *219*

T

tacos de peixe com maionese de chipotle, *178*, 179-180
tahdig com batata, açafrão e cúrcuma, 154-156, *155*
tâmaras
    fitas de cenoura com gengibre, salsinha e tâmara, 86, *87*

o petisco perfeito – tâmaras com queijo azul, amêndoa e prosciutto, 36, *37*
steaks de couve-flor com cúrcuma e amêndoa, 97, *98-99*
tartines de arenque com maçã-verde e lâminas de rabanete, *46*, 47
tomate
    almôndegas de peru em molho aveludado, 190-191
    canapés dos Porowski dos anos 1990, *44*, 45
    fava com atum em molho picante de tomate, 171
    frango à milanesa com salada de tomatinho, *186*, 186-187
    masala de grão-de-bico, 167
    massa à bolonhesa marroquina, 195-196, *197*
    peixe-espada com polenta e tomate assado, 176-177, *177*
    queijo quente para dias chuvosos com bisque de tomate, 168-170, *169*
    salada de macarrão com picles de uva, 148, *149*
    salada de pêssego grelhado com tomate e amêndoa, 80, *81*
    sartù di riso – arroz de forno com tomate, manjericão e mozzarella, 157-159, *158*
    souvlaki do Arahova, 218-220, *219*
toranja
    salada do sul da Itália/invernos frios em Nova York, 82, *83*
torta alsaciana, crosta de, 69
torta alsaciana em três versões, 68-73, *70-71*
torta com alho-porrô derretido, gruyère e prosciutto, *70-71*, 72
torta com cebola roxa tostada e crème fraîche, 69, *70-71*
torta Pi do Jim, 256-258, *257*
tortilhas
    fajitas de frigideira com frango, *182-183*, 184-185
    tacos de peixe com maionese de chipotle, *178*, 179-180

U

uva
    salada de macarrão com picles de uva, 148, *149*

V

Vegemite
    café da manhã australiano em versão para o jantar, 162, *163*
vieiras com manteiga de cenoura e alcaparras, 208, *209*

X

xarope de bordo
    frango com pimenta e xarope de bordo, 216, *217*
    lombo com geleia de cebola ao bourbon e xarope de bordo, 228-229

Z

zurek – a sopa polonesa antirressaca, 124-127, *125*

Título original: *Antoni in the kitchen*

© Speedy Popo, Inc.

Fotos © Paul Brissman

Agradecimentos especiais às seguintes locações em Nova York: Bedford Cheese Soup; Associated Cut Flower Co., Inc.; Fish Tales Gourmet Seafood Market; Kiszka Meat Market; La Colombe Coffee Roasters; Village Den.

Todos os direitos reservados.

Para informações sobre permissão para reproduzir partes deste livro, escreva para trade.permissions@hmhco.com ou para Permissions, Houghton Mifflin Harcourt Publishing Company, 3 Park Avenue, 19th Floor, New York, New York 10016.

hmhbooks.com

Projeto Gráfico: Laura Palese
Food Styling: Lisa Homa
Produção Fotográfica: Kristine Trevino

Administração Regional do Senac no Estado de São Paulo
Presidente do Conselho Regional: Abram Szajman
Diretor do Departamento Regional: Luiz Francisco de A. Salgado
Superintendente Universitário e de Desenvolvimento: Luiz Carlos Dourado

Editora Senac São Paulo
Conselho Editorial: Luiz Francisco de A. Salgado
Luiz Carlos Dourado
Darcio Sayad Maia
Lucila Mara Sbrana Sciotti
Jeane Passos de Souza

Gerente/Publisher: Jeane Passos de Souza (jpassos@sp.senac.br)
Coordenação Editorial/Prospecção: Luís Américo Tousi Botelho
(luis.tbotelho@sp.senac.br)
Dolores Crisci Manzano
(dolores.cmanzano@sp.senac.br)
Administrativo: grupoedsadministrativo@sp.senac.br
Comercial: comercial@editorasenacsp.com.br

Tradução: Daniel Lühmann
Edição e Preparação de Texto: Vanessa Rodrigues
Revisão de Texto: Karen Daikuzono
Editoração Eletrônica: Veridiana Freitas
Capa: Veridiana Freitas
Impressão e Acabamento: Type Brasil Gráfica e Editora

Dados Internacionais de Catalogação na Publicação (CIP)
(Jeane Passos de Souza – CRB 8ª/6189)

Porowski, Antoni
 Antoni na cozinha / Antoni Porowski, Mindy Fox; fotografias de Paul Brissman; tradução de Daniel Lühmann. – São Paulo : Editora Senac São Paulo, 2021.

 Título original: Antoni in the kitchen.
 ISBN 978-65-5536-393-7 (impresso/2021)
 e-ISBN 978-65-5536-394-4 (ePub/2021)
 e-ISBN 978-65-5536-395-1 (PDF/2021)

 1. Culinária 2. Receitas I. Fox, Mindy II. Título. III. Brissman, Paul IV. Lühmann, Daniel.

21-1201t
CDD – 641.5
BISAC CKB101000

Índice para catálogo sistemático:
1. Culinária : Receitas 641.5

Proibida a reprodução sem autorização expressa.
Todos os direitos desta edição reservados à
Editora Senac São Paulo
Rua 24 de Maio, 208 – 3º andar – Centro – CEP 01041-000
Caixa Postal 1120 – CEP 01032-970 – São Paulo – SP
Tel. (11) 2187-4450 – Fax (11) 2187-4486
E-mail: editora@sp.senac.br
Home page: http://www.livrariasenac.com.br

© Editora Senac São Paulo, 2021